自治体不祥事における危機管理広報

—管理職の心得と記者会見までの対応—

田中正博 著

第一法規

はしがき

「人は起こしたことで非難されるのではなく、起きたとき、どう対応したかによって非難されるのである」。この言葉は、クライシス（危機）発生時に欠かせない「クライシス・コミュニケーション」を端的に表した名言である。

２０１８年、財務省理財局が「森友学園」への国有地売却に関する決裁文書を書き換えた問題は、まさにこの言葉そのままの様相であり、不祥事発生時の組織対応力を問われる反面教師になった。

組織が「人」で構成されている限り、官民を問わず、業種を問わず、どんな組織でも「不祥事」は起きるものである。「人災」という言葉があるように、「災害」すら「人」に起因している場合がある。

ただし、長い公務員人生の中で、自分が不祥事の当事者になったり、遭遇したりする確率は極めて低い。したがって、ほかの役所や企業の不祥事報道を見ても「あれは自分とは関係ないこと」と関心を持たず、まして他山の石として、そこから何かを学び取ろうという発想まではなかなか至らない。そのため、不幸にも自分の組織内で不祥事が起きた場合、経験や知識も、スキルやノウハウも持ち合わせていないため、対応ミスを犯してしまう。

組織の不祥事は、自ら〝経験〟して学び取るものではない。全職員が一度は何らかの不祥事を経験しないと学習できないのなら、そのような自治体は先に消滅してしまうはずである。

本書は、自ら経験する前に、不祥事発生時の即時対応力を習得することを目的とした、いわば〝自習用マニュアル〟といっていいだろう。

不祥事の特徴のその1は、「未経験の事案」が「突然、発生」するため、「どう対応したらいいか」、判断に迷うことが多いことであり、特徴のその2は、「マスコミ対応の適否」が、その後の組織の信頼性やダメージを大きく左右する点にある。

経験豊富なはずの部長にとっても、次長にとっても「未経験」であるから、判断と指示に自信が持てず、苦しむことだろう。まして課長、課長補佐にとってもその困惑はさらに大きい。

本書の特徴は、「初期対応の原則」と「マスコミ対応」の2つの側面から、その「基本知識」とそれをパワーアップして習得した「スキル」と、さらには、それを積み重ねて得られた「ノウハウ」が習得できるよう、実践的事例を豊富に取り上げて解説した点である。理論や理屈よりも、経験をもとにした実践的内容になっているので、すでに理論編を学んだ方にとっても、本書でスキルとノウハウを得ることで、まさに〝鬼に金棒〟になることだろう。

「もっと若い時に、このような本を読んでおけばよかった……」という感想を、先輩の部長や課長からどれほど聞かされたことだろう。その思いもあって、本書は、基本は管理職に視点を置いて書いてあるが、いずれは管理職に就くであろう職員にも、今の段階で読んでもらえるならば、必ずや将来、役立つはずである。

最後に、本書の構成と取材に約1年にわたって全力を注いでくれた第一法規株式会社　出版編集局編集第二部　松本健氏と小林いずみ氏に心からお礼を申し上げる。

２０１８年7月

田中正博

目　次

目　次

第Ⅲ章　リーダー・管理職としての平時の危機管理心得

第Ⅳ章　危機（不祥事）発生時の初期対応の基本心得

～初期対応の適否が危機を拡大化、深刻化させる～

第Ⅵ章　危機発生時の広報とマニュアル

～危機管理広報と広報マニュアルの基本知識～

第Ⅶ章　こんなとき、どう対応する？

～危機発生時の対応力のスキルアップのためのノウハウ～

特別インタビュー

頭で理解していることと、実際にできることは全然違うのです

足立区長　近藤やよい

足立区は、10年前から管理職を対象とした危機管理研修を継続して行っており、その研修を通じて、区政透明化に向けた、ぶれない姿勢を内外に発信し続けています。

自治体というものは、時に、危機管理対応の仕方ひとつで、イメージが大きく変わってしまうものです。

そして多くの場合、その最前線に立つのは管理職。常に適切に報道機関に対応するため危機管理研修を継続実施し、意識改革に成功している先例的な自治体が足立区です。

旧態依然とした風土を変えるには、どうしていくべきか。行政として誠意を伝えるためには、どのように報道機関に対応すべきか。

区政透明化に向けた、ぶれない姿勢が組織を守り、区民を守ることにつながる、という強い思いを持っている足立区長にインタビューをお願いしました。

足立区長（左）と著者（右）

近藤区長　就任は平成19年6月で、ちょうど丸11年になります。就任直後の2つの事件についてお話しさせてください。

公園のタイヤブランコのチェーンが切れ、お子さんがけがをしたという事件が起こりました。ところが、初動の対応が悪かったことに加え、次から次へと過去の不適切な対応が明らかになり、最悪の形でマスコミに取り上げられることになりました。もうひとつは学力テストで、教室を回っていた校長をはじめ複数の教員が、答えの間違っている数人の児童に対して問題文を指さし、暗に誤った答えである旨を児童に伝えてしまったという事件がありました。両方とも、発生は私の就任よりも前の出来事ですが、余波がまだ残っていました。

当時は非常に旧態依然とした組織風土が残っていました。まず隠すという風土。当時の秘書課長は上司から、「どうやって事件や事故を表に出さないようにできるか、できないかが管理職の腕の見せどころだ、というふうに習った」と話してくれました。もっと愕然としたのは、非常に力のあった当時の管理職が「記者会見なんかをやってマスコミに丁寧に対応するからこういうふうに書かれるんだ。うるさく言うのも1週間、2週間のことなんだから、ほっかむりして黙ってりゃいいんだよ」と言っていたこと。まさにそれが当時の足立区の実情でした。

まずタイヤブランコの件については、子どもが公園でその程度のけがをするのは日常茶飯事という安易な考えがベースにありました。

ところが調べていくと、このタイヤブランコは民間の事業者が事前に調査をしていて、「危ないので撤去したほうがいい」という調査結果が出ていたにもかかわらず、放置していた挙げ句に落下したということが後から分かってきたのです。後々になって五月雨式に悪しき事実が判明していく。そうすると、こちらに決してそういうつもりはなくてもマスコミからは、「隠蔽体質」「隠そうと思っていたんだろう」と、悪くとらえられてしまうのです。何か起こってしまったとき、組織が被るリスクを最小限に食いとめる、それが管理職や、副区長、区長である上の人間の仕事だと身をもって知りました。

ただ、私がいくら言ったところで、喉元過ぎれば忘れてしまうのです。ですから、管理職が数年に1回、きちっと研修を受け、対応の心構えと、言い方が悪いかもしれませんが常識を身に付ける。一人ひとりが自覚する機会として、年に1回の研修をやっているわけです。

ただ、継続して研修をしていると、できる人はできる、できない人は相変わらずできないという、能力に差が出てきていることも事実です。力が足りない人は、そのことに自ら気づき、自分なりにトレーニングを積んでいくことを促しながら、管理職ごとに対応に差が出ないように、こういう状況になったら必ずリリースするという基準を足立区では決めています。

他の自治体では、いまだにリリース基準がはっきりしておらず、例えば、上の人間が、これは出したくないと判断すれば出さなくて済むなど、判断にばらつきもあるというように聞いています。

ですから、ルールに従っている足立区だけが、事件・事故が多いように議会から指摘されることもあるわけです。確かに、2回も3回も同じような不祥事が続けば、組織として非常に苦しい状況ですが、足立区というのは裏表なく透明性を求める組織だという姿勢をマスコミの方に分かっていただき、評価していただくことが、ひいては区民の皆様に信頼いただける大きな要素になるという考え方の下、この11年間やってきました。

―そうですね。この10年間で、SNSなども発達して、それこそ隠すことができない世の中になっていますね―

近藤区長　隠せないですよね。いくら隠そうと思っても、内部からのリークもあります。何かあればもう公表せざるを得ないことを前提に動く以外にないんです。

足立区役所では「30分ルール」というのを設けていて、事件・事故があれば30分以内に上司に報告することにしています。「トリアージ（選別）」はなし。「トリアージ」するとなると、報告しようかすまいか迷いが生じてしまうからです。「30分ルール」には、休日・夜間も関係ありません。私の携帯電話にはすべての管理職の携帯番号、メールアドレス、自宅の電話番号が入っています。毎年、新任管理職を対象に、実施日時を知らせずに通信訓練もやっています。

―徹底していますね―

近藤区長　まだまだです。例えば、「個人情報を紛失したが、探していて報告が遅れた」という事案が今でもあります。もし探して、「出てくれれば表に出さなくて済むかもしれない」という自己保身を感じます。

でも、「30分ルール」が守れない管理職は、どんなに仕事ができていても、私からしたら組織を危機に陥れたということで信用「ゼロ」です。管理職としてまず大事なことは、組織を守れるかどうかなんです。組織を守るということは、物事が起こったときにどれだけ一気呵成に多数の人間で対処できるか、それによって組織が被るリスクを最小限に抑えられることになるので。ひとりででできることは限られています。なるべく大勢の目と感覚でひとつの現象に当たって、役割分担していかないといけません。例えば、ひとりは謝罪に走る、ひとりは警察に行く、消防へ行く、弁護士に相談する、田中先生に相談するなど、最悪の場合は記者会見の準備をするとか、ひとりではとてもできないので、多数の人間で対応せざるを得ないからです。

何かが起きたとき、実際に見えているのは氷山の一角。想像力を発揮して、常に最悪の事態を想定する。その時、見えていることだけで「この程度」と思っては絶対だめだと言っています。タイヤブランコ落下事故の教訓です。

—今までの前例で「まあ、このぐらいだったら大丈夫だろう」という意識があると、そこを変えていくのはなかなか難しそうに思いますが、そのあたりはどのようにお考えですか—

近藤区長　だから、理屈抜きで30分の「トリアージ」なし。ただ、1回や2回の研修では意識改革はできません。そんな甘いものじゃないんです。今は、3年～4年に1回のローテーションで研修を受けることになっています。それで田中先生に見ていただいて、力が足りないという管理職については受講頻度を上げるなどの対策をとっています。

さらに、私が全員の研修映像を見ています。そうすると、力を付けてきている人と、そうでない人の差があることが分かりますから。

例えば、お詫びの記者会見では、「お集まりいただきましてありがとうございます」と言わない、なんていうのは、経験しないと分からない。

いつ何どき、そういう立場になるかもしれない。それが管理職だという覚悟が研修を通じて少しずつ醸成されていってほしいと私は思うんですよね。

私も、いざというときは田中先生に「これでどうでしょう」とうかがいます。そうすると自分で思っていたのと判断が違ったりすることもあって、「目からうろこ」。ましてや昨日今日管理職になったばかりの職員では難しい。

でも、何のために研修を受けているのか、ということを間違えてはいけない。最終的には区民の皆様の信頼を勝ち得るためなんですよ。信頼がないところに協働や参画ということはありません。人生１００年時代にあって自助や共助、これらが非常に重要だといわれているときだからこそ、区民と行政との間に信頼の絆を、苗を植えていくことが必要だと思うんです。

マスコミは悪いことも出さないと、いいことも書いてくれないのです。足立区では新聞やテレビなどを通じて区民の皆様に、様々な事業やイベントをＰＲするということがシティプロモーションのひとつと考えているんです。リリースペーパーも数を打たないと報道につながりませんから、そういった意味でも非常に努力をしているんです。悪いこともきちんと出しながら、いいことも書いてもらうように心がける。

ですから、夕方5時過ぎに「これから区役所に行きます」とマスコミの方に言われたときも、うちは拒否をしないで、取材や映像撮りにも対応しています。

また、担当課長の携帯電話番号もリリースペーパーにきちっと入れたところ、それは喜ばれていましたよ。

―担当者の携帯電話の番号が入っているのですか？　リリースペーパーには区役所の代表番号が入っている場合が多いと思いますが―

近藤区長　今でも自治体によっては、担当者の所属の電話番号がないところもあると聞いています。うちは、担当者の携帯電話の番号を入れるようにしています。

元広報室長　一定程度は役所内で受けていただきますけれども、携帯電話でも、その後も応じられるように常にしています。

―10年研修をされていて、その成果などが見えてきましたか―

近藤区長　ひとつは区政透明化に向けた区のぶれない姿勢というのを、この研修を通じて内外に発信し続けていると思うんです。嫌なことやつらいことは、やめてしまうと薄まってしまうんです。出したくないし、自分たちが矢面に立ちたくないという。だから、「ぶれないんだよ、変わらないんだよ、うちは」という不退転の決意をこの研修で内外に示していくという。

また、足立区ではホームページに公開しているように報道機関等への公表基準（事件・事故の公表基準）を定めています。誰かの恣意的判断で出す・出さないが変わるということは絶対にあってはならないと思います。客観的に決めておかないと。

それに、足立区の場合だと、例えばいじめ問題などでそうであったように、外部の有識者、つまり第三者を入れた審議会をすぐに開きますね。自治体としては厳しくても客観的な判断が大事だと思うんです。

元広報室長　よその自治体はまだまだというところもたくさんありますが、10年前、区長が就任されたときに、いいことも悪いことも、情報を発信するということに対してすごく重んじていたことについて、私はすごく新鮮でしたね。

そういう首長というのは、あの当時、10年前に、ほかにはいらっしゃらなかったと思います。

近藤区長　日々、まさに区役所の姿勢そのものが問われているんです。子どもの安全を軽く見ているとか、問題を放置しているのではないかとか。

「俺たちの税金で食っているくせに……」という批判の声が寄せられることもあります。確かにそれは事実です。だからこそ、少しでも期待に応えるべく頑張っているという姿を見せていかないとですね。

元広報室長　どこでどういうことが起こるかというのは、私たちも想像し得ないというか、ふだん想定していないんですけど、本当に様々なことが外部からも起こってきますので、そういうときに対応の一つひとつで誠意が伝わるか、伝わらないかって大きく違うということを田中先生には教えていただきました。今は、もう何か事件・事故があったときには想定問答をつくるのが当たり前になっていますけれど、当時はそういう考えすらもなかったんですよ。記者会見の研修の中で想定問答をつくる勉強をしていますけど、そういう対応すらもしないまま、会見にはならないとしても、マスコミに臨んでしまうというのは誠意が伝わらないことになってしまうと思うんです。

あと、いつも田中先生に教わっているのは、管理職としてその責任をどう謝罪するのかというのが足りていませんということ。「いかに組織を管理職としてまとめてこられなかったかということを反省すべきだ。それが管理職としての見識ですよ」というふうに言われています。そこもすごく大事なことになると思います。

―研修を行う一方で、体制を整えることも同時に進めていて、役所内の情報が広報室に集まるようになったとお伺いしましたが―

元広報室長　それは、区長が必ず「情報はすべて区長と既定メンバー（副区長、教育長、政策経営部長、総務部長など）に入ってなければいけない」ということを言い続けているからです。

近藤区長　私まで上がらないと、最終的に公表するという判断ができない場合もあるだろうと思うんですよ。悪い情報になればなるほど厳しいですから。

ただ、情報というのはこちらから取りに行かないと絶対に上がってきませんね。「上げてね……」と口で言って、のんきに構えているだけでは。嫌がられても、こちらからつかみに行かないと。本当ですよ。実感です、これ。

元広報室長　区長は、時間の管理も本当にすごくて、週末に何かが起これば場合によっては即参集ですし、それ以外でも土日でまとめて月曜日の朝一に報告してほしいという指示を出します。忙しい中でも、その報告には時間をあけるから、常にすぐに飛んで来させるという姿勢なんです。

近藤区長　だって怖いじゃないですか、冒頭にお話したようなことになっては。もう絶対にそれだけは嫌だなって思います。

元広報室長　今は、過去のような体制ではありません。まだまだ至らないところがあって、田中先生に講義していただいていますけど、情報が共有されるチーム近藤の体制は常に組まれています。

近藤区長　いや、それは（笑）。そこまでは分かりませんけれども、頑張って取り組んでいます。

―非常に理想的な体制・組織の教育になっていますね―

近藤区長　私のところには、「マスコミの取材を受けて、こういう質問が出て、こういう答えをしました」というのも全部、メールで来るんです。

それで気になるところを、また調整する。

―体制を整えても、管理職の入れ替わりがあると、その体制・意識がつながらないことがあると思うのですが―

近藤区長　この研修とは別に行う管理職の新人の研修でも、私は、「30分ルール」と「危機管理」ということを最重点に伝えています。「またか」とつまらなそうに聞いている人もいますが、頭で理解していることと、実際にできることは全然違うんです。

信用失墜は一瞬です。だから、一瞬一瞬が勝負なんですよ。

それが組織を守り、さらに区民をも守る。足立区のイメージそのものにかかわってきますので。

―ありがとうございました―

《インタビューを終えて　田中正博》

研修の冒頭で、近藤区長が次のようにおしゃっていました。

「区長として説明しなければならないことは、もちろん私が行います。しかし、部長もしくは課長レベルで説明しなければいけないことは、あなた方が代表して説明するのだから、ちゃんと説明能力を身に付けなさい」と。これは、非常にすごかった。「私は私できちんと説明する。しかし、私が全部やるわけじゃない。部長レベルの記者会見、課長レベルの記者会見、内容によって説明する役職者が違う。あなた方はその当事者として区を代表した説明をしなければいけないのだ。だから、自覚を持ってトレーニングを受けなさい」と。

私は、これまでいろいろな人の話を聞きましたが、非常に驚きました。「私は私でやるよ」というのは、全部を区長が説明するわけではないということですよ。このメディアトレーニングにおいて、こんな明確な考え方は初めて聞きました。

危機管理はトップの姿勢が大きくモノを言う。下からボトムアップではないんです。数多くのケースでは、トップが強い姿勢を持つことで、その思いが部下に間違いなく浸透している。

危機管理はトップダウンなのです。足立区の場合は、トップダウンの典型的なケースです。超多忙な区長が危機管理についてこれだけ厳しい方針でやるというのはなかなかできないですよね。

著者（研修の様子）

研修者インタビュー

実際に研修を受けられたお2人に研修の様子をお聞きしました

足立区監査事務局監査担当課長　紙谷衛
足立区福祉部くらしとしごとの相談センター所長　橋本忠幸

Q1：研修を受ける前と後で変わったことなどはありますか？

紙谷：研修を受けたからといって、一気に変わるというものではありません。足立区は、継続して研修をしているので、それが力になってきている気がします。研修を受けても1度だけでは忘れてしまいますが、何回か受けることで、その都度、改めて確認できるので、自力がつくようになります。また、研修の中で、模擬記者会見を行うのですが、その様子をビデオで撮っていて、それを見ながら研修の最後に田中先生が講評してくださり、ステップアップするための良いアドバイスをいただけます。

足立区では3年から4年のローテーション研修という形で継続して研修を行っていますので、組織としても力がついてきているように感じます。

橋本：記者会見や担当事業の取材で、マスコミの方に対応する際は、内容を分かりやすく伝えたいと思うほど、とても緊張してしまうものです。この研修を受けることで、声の大きさ、話すテンポなど自分では気づいていないような欠点に気づくことができました。
また、緊張すると、自分の言いたいことだけ、一方通行に伝えがちですが、研修で実践的な訓練をすることで、相手がどのようなことを求めているか、何を聞きたいのかを意識するようになりました。
誰もが誠実でありたいと思っているけれど、緊張してしまい、その誠実さをそのまま発揮できないことがあると思います。この研修は、テクニックやノウハウを小手先の知識として学ぶというより、職員一人ひとりが本来持っている、ありのままの誠実さを、きちんと発揮するための良い訓練となっていると思います。

Q2：記者会見の研修の様子をお聞かせください。

紙谷：研修は、実際に起こり得る事件・事故の場面を想定して模擬記者会見を行います。まず、起こってしまった事件・事故に関して区側から概要を説明します。その後に、記者役の方から質問を受けるのですが、質問の意図を理解し短い時間で要領よく答えないといけないので、訓練をしていないと、的確な対応ができないと思います。経験の少ない人だったりすると、的外れな受け答えをしてしまうこともあります。区の報道担当がカメラを持って入り、会見中はシャッター音などもするので、とても臨場感があります。

Q3：研修に加えて、足立区では「30分ルール」を実施されていますが、徹底するために部下の方へどのような指示をされていますか？

橋本：まず、管理職が受けた研修内容は、朝ミーティングを利用して部下に伝え、「30分ルール」を徹底するよう指示しています。また、他の所管で起きた事件・事故も他人事とせず、情報を共有し、その対応に課題があれば、それを部下とともに話し合うことで「30分ルール」を意識づけています。最近では、些細なことでも迅速に報告を受ける体制になっているので、日頃の意識づけが活かされていると感じています。

Q4：今後、管理職になる方に一言お願いします。

紙谷：事件・事故をすべて防ぐことは無理ですので、いつか来るであろう場面に備えて、マスコミ対応のノウハウを学ぶだけではなく、管理職としての意識を研ぎ澄ませていく必要があります。

マスコミにきちんと対応できることが、行政マンとしてのひとつの能力になります。テレビや新聞を通して、足立区の姿勢を区民の皆様が判断していますので、信頼を得るための不可欠な能力になると思います。カメラの向こうには区民全員がいるという意識で、研修を受講する必要があります。

橋本：マスコミを通じて、その向こう側に区民の方がいらっしゃいます。一方通行で、自分の言いたいことだけを話すのではなく、相手が求めている情報をきちんと把握して、マスコミの方に伝えることが、区民の皆様に誠実に対応することにつながります。併せて、これまで学んできた「30分ルール」のとおり、迅速に、かつ的確に対応するということを続けてほしいと思います。

第Ⅰ章　自治体にとって最大の危機は「不祥事」である

～まず、不祥事を起こす「3つの原因」を知ること～

1　リスクの「3つの分類と特徴」

自治体にとって危機といえば、自治体の規模や地域を問わず、真っ先に挙げられるのは「自然災害」「財政難」「人口減」の3大事案である。しかし、視点を変えると、全く別の順位付けをすることができる。米国のあるリスクマネジメントコンサルタントから聞かされた話に、目からウロコの思いをしたことがある。彼の説明はこうである。リスクというのは、その種類によっては次のように3つに分類でき、それぞれに特徴があるという。

第1は「予防系リスク」。これは文字どおり、予防しようとすれば間違いなく予防できるリスクを指す。これに該当する代表的リスクとしては、「コンプライアンス違反（不祥事）」と「人工的な建造物による被害」―例えば、水道管の破裂、道路の陥没、公園のブランコの鎖が外れて人身事故など―が挙げられる。

「コンプライアンス違反（不祥事）」は、本人が自覚を持ち、管理職が日頃から指導を怠らず、また、組織として啓発研修をきちんと実施していれば、間違いなく未然防止できるリスクである。もうひとつの「人工的な建造物による被害」は、日頃の保守点検をきちんと実施していれば、あるいは設計の時点で手抜きを見逃さなければ、未然防止できるリスクである。

この「予防系リスク」は、万一、発生した場合は、住民（納税者）から〝決して許されない〟という特徴を持つ。後は責任をとるしか、術がない。

第2は「非予防系リスク」。これはどんなに努力しても防ぐことができないリスクを指す。その代表的例が「自然災害」であり、もうひとつは「未知の疫病」である。「自然災害」は、地震、津波、火山爆発、台風など、地球の持つ膨大なエネルギーがもたらす災害であり、到底、人間の力ではコントロールできないリスクである。「未知の疫病」も同様に、人類がこれまで遭遇したことのないウイルスなどによる健康被害であり、動物、植物、人間に感染・拡大しても予防薬も治療方法もまだ分からないことが多い。そのため「非予防系リスク」は、住民（納税者）から〝許容されやすいリスク〟とされている。ただ、注意しなければならないのは、「起きたとき、どう対応したか？」を社会（マスコミや議会など）から批判される特徴があるため、行政として肝に銘じておく必要がある。

第3は「半予防系リスク」。これは、一見、予防できそうだが、現実には予防できにくいリスクを指す。その典型的な例が「テロ」「内乱」などである。「話し合えば分かり合えるのでは……？」「危機を回避できるのでは……？」と誰もが思うけれども、現実はそう簡単ではない。世界にはそれを教えてくれるいくつもの事例がある。

以上の内容を簡潔に示すと、次のようになる。

まとめ

①　予防系リスク：予防しようとすれば予防できるリスク
・代表的例：①コンプライアンス違反（不祥事）　②人工的な建造物による被害（人災）
・特徴：社会から許されることがないリスク　↓責任をとるしかない

②　非予防系リスク：予防しようにも予防できないリスク
・代表的例：①自然災害　②未知の疫病
・特徴：社会から許容されるリスク　↓そのとき、どう対応したかが問われる

③　半予防系リスク：予防できそうで現実は予防不可能なリスク
・代表的例：①「テロ」　②「内乱」
・特徴：経緯を見守るしかないリスク

2　自治体にとって、不祥事は最大の危機である

冒頭に、なぜこのような説明をしたかといえば、リスク特性から見ると、「予防系リスク」の第1順位に挙げられているのが「コンプライアンス違反（不祥事）」であり、「不祥事」こそ、自治体にとって最大のリスクであることを理解していただきたいためである。

「不祥事」というと、確かにコンプライアンス違反というよりもニュアンスが柔らかくなる。実際、「不祥事」を辞典で調べてみても、「（二度と）有ってほしくないこと」（新明解国語辞典第七版・三省堂）、「関係者にとって不名誉で好ましくない事柄・事件」（広辞苑第七版・岩波書店）といったように、〝気持ちを表す視点〟からの解釈が記載されている。しかし、「不祥事」は明らかにコンプライアンス違反（違反行為）であり、社会的、道義的、そして法的な罰則を伴う「絶対に、してはならない行為」である。

それだけではない。不祥事の特性として、たとえ、ひとりの不心得職員が起こした場合であっても、住民から見れば「役所が起こした不祥事」であり、〝組織としての不祥事〟という印象を抱く。「いや、あの不祥事は○○部の××課△△係が起こした問題で、うちの課とは関係ないこと」と言っても、その考えは納税者には受け入れてもらえない。たとえていうならば、ジグソーパズルはたった1個のピースが欠けても商品価値を失うように、たったひとりの職員の起こした不祥事が、

役所全体の信頼感を失墜させるという大きなダメージをもたらすのである。

住民から信頼感を得られない行政では、何をするにしても住民からの「抵抗」と「批判」にあってしまい、業務の進捗に差しさわりが出てくるおそれがある。

こんな例がある。ある市役所で、徴税担当の課長が、自分の身内である大物県会議員に便宜を図り、税金を数千万円軽減措置をするという不祥事が発生した。これが表面化したことで、市役所には「市民には厳しいチェックをして納税を求めてくるのに、身内にはこんな甘い処理をしていたのか。これは絶対に許せない」といったクレームと怒りの電話が殺到したのである。それだけではなく、全く関係のない部門で進めていたあるプロジェクトに対しても、市民から「市の課長たるものがとんでもない不公平な収税に加担していたではないか」というクレームが寄せられ、大幅にこのプロジェクトが遅滞する、という事態を招いた。

民間企業の場合なら、これほどの問題にはならない一従業員の不祥事だが、公務員の場合は、公金を元に仕事をしているために、納税者からの反発は決定的なダメージを役所全体に与えることになる。重ねていうが、不祥事はその気になれば未然防止できるリスクの最たるものであり、すべての首長が職員の不祥事防止を声を大にして啓発、啓蒙しているのは、このような理由からである。

まとめ

不祥事は予防できるリスクの最たるものであり、それゆえに納税者から決して許されないリスクである。

3　事例に学ぶ・不祥事を起こす3つの原因を知る
―意外に気がつきにくい原因がこれだ

「着服」「横領」「収賄」「入札不正・官製談合」「不正受給」「手抜き」「個人情報の誤発送・漏えい」「事務処理ミス」「ずさんな管理・チェック」「無断押印」「書類偽造」「公用車の私的使用」「パワハラ」「セクハラ」「飲酒（酒気帯び）運転」「万引き」「盗撮」「窃盗」等々、公務員の不祥事は実に多種多様である。

100の不祥事があれば、100の原因があるはずだが、原因を知り、把握しなければ、対策も防止策も立てようがないのである。

これまで2000件を超える官民の不祥事のコンサルティングをしてきた経験から得た、意外に気がついていない「3つの原因」について指摘し、説明することにする。これから述べる「3つの原因」は、右記の不祥事のすべての項目に通じる共通した原因であることに気がつくはずである。

事例1　「多分、大丈夫だろう……」―甘い気持ちが不祥事を招く

コンサルティングに当たって、当然、当事者や上司から、ことに至った事情の聞き取りをする。その際、10人中8人以上の当事者が押しなべて口にする言葉が「あのときは、多分、大丈夫だと思った……」であることに気がついた。これは不祥事だけでなく、事故や災害被害の場合も同じであった。

この言葉から教えられたことは、この当事者自身も、心のどこかで「不祥事（あるいは事故や災害被害）の兆候」を無意識ながら察知していることである。ところが、そのせっかくの内なる警告を「多分、大丈夫だろう……」と、自ら打ち消しているのである。「そう言われれば、確かにちょっと気がかりな点がありました」という遅かりし述懐を数多く聞かされてきた。

ではなぜ、そのときに「ちょっと待てよ」と不審に思い、立ち止まらなかったのだろうか。その最大の原因が、「仕事の慣れから生まれる甘い判断」であり、「経験からの判断」である。つまり、経験を重ねるほどに、ベテランの職員になるほどに、「多分、大丈夫だろう……」という甘い判断をする傾向になりやすい。

その証拠に、入庁して1年目や2年目、3年目の若い職員の場合は、まだ役所の仕組みや習慣、仕事の手順や知識に不安感があるため、ちょっと気になることに直面した場合、必ず先輩や上司に相談や質問をして、〝勝手判断〟をしない。したがって、おのずと組織としてのダブルのチェック

機能が働き、不祥事の芽を回避することができる。

ところが、入庁して10年もすると、経験と知識が深まり、また、大方の役所の仕組みや仕事の流れ、チェック体制が分かってくることから、「経験からの判断」の方にウエイトが高まってくる。したがって、何か引っかかることがあっても、「これまでにも何も問題がなかったのだから……」と判断し、それが「多分、大丈夫だろう……」という甘い判断をすることになる。

例を挙げてみよう。ある自治体で、ＤＶ被害者の個人情報が、担当職員のミスから加害者側に誤送付されるという不祥事が起きた。加害者が臨時給付金の支給申請書を再交付してほしいと電話で役所に要請してきた。その際に、この加害者の男性は、以前同居していた女性の分を含めて２人分の申請書を自宅宛てに郵送してほしいと伝えた。

支給申請書には女性の同居時の住所が記載されており、送付に当たって担当職員が加害者の男性に女性の現住所を言えるかどうかを確認する必要があったにもかかわらず、担当職員はうっかり忘れてしまい、加害者の自宅に２人分の申請書を送ってしまった。後日、加害者が役所の窓口で申請の手続きをしようとした際に、初めてこの女性が「支援措置」の対象だったことが分かったのである。

担当職員は、なぜ、うっかりしたのか、なぜ、確認をしなかったのだろうか。担当者の気持ちの中には「そんな不正な申請をする住民などいないだろう。事実、これまでにも1度もなかった。だから、多分、大丈夫だろう」という理由から、注意が欠落してしまったためだといえよう。

この役所では3年前にも同様な問題を起こし、被害者の転居費用を支払って謝罪しているが、再度、同様の事故を起こした。このようなケースは全国の自治体でも珍しいことではなく、いかに「多分、大丈夫だろう……」という甘い判断が不祥事を招いているかを示す典型である。

もうひとつ私が関心を持つのは、公務員の不祥事が報道された場合、その処分対象になった公務員の年齢である。なぜなら、その多くが50代、それも定年間近の職員の不祥事が非常に多いからである。

「〝10年選手〟には気をつけよう」とは、親しくしているある弁護士の指摘だが、彼の経験でも、官民を問わず、その職場に入って10年以上たつと、次第に不祥事を起こす人間が増加してくる。理由はやはり、仕事の慣れと経験から生まれる「多分、大丈夫だろう……」という甘い考えからだという。公務員の場合─特に技術系の職員の場合─は、その道一筋に仕事をしてきたことから、知識と経験は抜群である。場合によっては、上司さえ口出しできない領域に入ってしまうおそれがある。おのずとその力量に着目した業者との間にいつしか癒着が生まれ、入札情報を伝えてしまうケースである。

あと1年もしないうちに定年、それどころか3月に定年を迎える職員が1月に逮捕されるというケースもある。自治体の新任課長研修の際に、私は声を大きくして「定年間近の部下の仕事に気配りを忘れないように」と注意を喚起するようにしている。

自分より年上で、知識経験の豊富な部下に対する管理職の接し方は難しい面もあるが、不祥事が起きてからでは遅い。不祥事防止には、管理職がそのような視点から、意識を持って部下に接することが大切なのである。

まとめ

「多分、大丈夫だろう……」と思ったときが危ない！　同僚、先輩、上司に一言相談することで不祥事は回避できる。

事例2　「前からやっていることだから」―「前例」と「慣例」が不祥事を招く

「前例と慣例は所詮、ローカルルールにすぎない」。こう喝破するある著名な弁護士がいる。どんな業界、どんな職場にも「前例」と「慣例」は存在する。

ずっと以前から行われてきたことであるため、誰も疑問に思わないし、ましてや違法だという認識もない。しかし、「前例」や「慣例」というのは、その業界、その組織でしか通用しないルールであり、普遍性のあるルールではない。当然、一般社会から受け入れられるはずがない。特に、コンプライアンスが重視される時代においては「前例」や「慣例」は、むしろ〝不祥事の温床〟になっているおそれが十分にある。

その代表的な例は、多くの自治体で長い間、何の疑問も抱かれることなく、当たり前のことのように行っていた「プール金」とか「預け」といった経費処理が「不適切行為」として大問題になり、大量の処分者まで出るという大不祥事になったことである。このように、ある日突然、組織を襲ってくる不祥事の代表が「前例」と「慣例」である。

最近の事例では、ある市で起きた市会議員の「政務活動費」の不正請求が発端となって、マスコミが各地の市の議会事務局に対して情報公開請求を行った。ところが、議会事務局が議員に対して、情報公開請求を出してきた報道機関名や情報開示の予定日などを報告していたことが分かり、マスコミから取材攻勢を受ける事態が起きた。議会事務局や当該の自治体としては、情報開示後に議員側がマスコミの取材に備えるのが目的で〝慣習的に行ってきた〟ことであり、何ら問題ないと認識していた。

しかし、マスコミからの取材に対して結局、各自治体では「地方公務員法違反（守秘義務違反）の可能性がある」、あるいは「情報公開制度の趣旨に照らすと、不適切な行為なので、今後は行わないようにしたい」といった見解を示さざるを得なくなった。

このケースは、各自治体に思いもしなかった不祥事を招いた事例として教訓を残したはずである。なお、この件については『富山市議はなぜ14人も辞めたのか―政務活動費の闇を追う―』（チューリップテレビ取材班、岩波書店）で詳しく経緯が書かれている。２０１７年度日本記者クラブ賞特別賞を受賞しただけあって、行政側が情報公開請求について、どのような「前例」と「慣例」で判断し、認識していたのか、それに対して、マスコミ側がどのような認識を持ち、どのような取材視点に立っていたのか、その両者の認識の差がはっきりと描かれていて、行政側にとっても非常に参考になる本である。

時代の変化に伴って、ついこの間までは何の問題もなかったことが、ある日突然、不祥事になる「前例」と「慣例」がある。これからの公務員は、そうした時代認識を持つ必要があることを教えてくれる。

これから紹介するもうひとつのケースは、「前例」と「慣例」に従った行為が、いかに多大なダメージを行政及び当該の職員にもたらすか、警告と教訓に満ちている事例である。

ある自治体の「流水プール」で、遊泳中の7歳の女児が吸水口に吸い込まれて死亡するという痛ましい事故が起きた。原因は流水プール内に設置されている給水口のアルミ製の柵が水の流れで緩んでずれた隙間に、勢いのついた水とともに吸い込まれたためであった。文部科学省や県の指導では、このアルミ製の柵は二重構造に改修し、ボルトやねじでしっかりと止めなければならないことになっていたが、実際は守られておらず、針金で止められていたことが分かった。しかも、この〝針金止め〟は7～8年前から、役所の担当者から委託業者に指示されていたことが判明した。

業務上過失致死罪を問われた担当課長と係長に対して、裁判長は「安易に前例を踏襲し、プール管理をほぼ全面的に業者に任せ、義務を完全に怠った。自分の職責に対する自覚を欠き、無責任」と断定、さらにプール担当者の指示で〝針金止め〟が始まりその後も増え続けたと指摘し、「多数の担当者が無責任のまま過ごし後任に引き継ぐ怠慢を繰り返した」と批判。そして、被告である担当課長と係長は「無責任の連鎖を断ち切り、職責を果たさなければならなかった」と述べた（産経新聞、２００８年5月28日より）。

判決では、当時の課長に禁固1年6か月、執行猶予3年、当時の係長には禁固1年、執行猶予３年の有罪判決がいい渡された。課長を含めた歴代の担当者が、前任者からの〝申し送り事項〟として、規定違反を認識することなく、また、確認することもなく、「安易に前例を踏襲した」ことを裁判長は厳しく指摘したのである。

役所で多く見られる〝申し送り事項〟は、不祥事の温床といっていいほど、思いがけない問題を引き起こす。そのため、私は新任課長研修の際には「申し送り事項に注意すること。その際は必ず、自分の職務に照らし合わせて判断すること」を申し添えることにしているほどである。

まとめ

青天のへきれきのごとく、突然、組織全体を襲ってくる危機が「前例・慣例」に潜んでいるリスクである。様々な自治体の不祥事の中で、今後ますます増加すると思われる代表的不祥事になる可能性がある。

事例3　「見ざる聞かざる言わざる」―この三猿主義が不祥事を招く

職場では様々な人間関係としがらみが伴う。いい人間関係であれば職場のコミュニケーションの促進に役立つが、そうでない場合には、しばしば「コミュニケーションの欠如」、すなわち「見ざる聞かざる言わざる」というマイナスの職場風土をもたらす。職場に不祥事を招く3つ目の原因がまさにこれである。

ある職員が酒気帯び運転の現行犯で警察に逮捕された。ところが警察の調べで、この職員は酒気帯び運転の常習犯であることが判明した。この自治体は立地上、公的交通機関が少ないため、ほとんどの職員は自家用車で通勤している環境にあった。警察から報告を受けた総務部長は驚いて当該部署の管理職に問いただしたが、課長も課長補佐も係長もそのことを知らなかった。さらに聞き取り調査をした結果、なんと管理職以外の職場仲間の誰もがこの職員が酒気帯び運転をしていることを知っていたことが分かった。知らなかったのは上司の3人だけで、職場仲間の誰も「見ざる聞かざる言わざる」を決めこんでいたのである。

その理由は、「アフター5のことだし、職務とは関係ないから」という考えからだった。このことが報道され、市民から厳しい批判を受けたのである。酒気帯び運転は明らかに違反行為であり、アフター5だから関係ない、という理屈は通らないからだ。

例えば、職員の誰かが、休日に個人的趣味だといって、ひそかに盗撮を楽しんでいる、ということを知らされたほかの職員が、本人に注意もせず、あるいは上司に報告もしないのと同じである。公務員によく見かけられるこの「誤った仲間意識」は不祥事を招くことが多いので、要注意である。

さらに問題視されたのは、職場仲間の誰もが知っているこの職員の違反行為が、管理職の耳に入っていなかったことであった。管理監督者としてのマネジメントの問題である。日頃から上司は部下とどのようなコミュニケーションをとっていたのか、どのような指導をしていたのか、という批判が沸き起こった。こうした市民からの批判に、この役所は管理職3人に厳しい処分と、この職員には停職7か月の処分を出すに至った。

「見ざる聞かざる言わざる」。つまり、問題点があってもそれを指摘しにくい職場風土がもたらす不祥事。それは自動車メーカーの場合も同じことが起きた。無資格検査について「現場限りの話にすればいい」と現場の社員が内輪で判断し、同じ工場の管理職さえそれを知らなかった。また、内部通報制度は設けられてはいたが、内部通報しても報復されるかも、という心配から機能していなかったことも判明した。

このように官民を問わず、職場の風通しの悪さはいつか必ず不祥事を起こす土壌をつくり出す。不祥事というのは、その性格上、いつか必ず表面化する。その隠ぺい期間が長いほどマスコミ批判は厳しくなり、それに伴って受けるダメージも大きくなる、という基本認識を持たなければならない。

職場の人間関係が招く不祥事の原因の第2は「人間関係のしがらみ」である。「しがらみ」とは、辞書によれば「まといつくもの」「しがみついて離れないもの」（広辞苑第七版・岩波書店）とある。分かっていながら、いつの間にか巻き込まれて、手を切れずに不正行為に手を染めていってしまう悲劇だ。

ある福祉関係の課長が引き起こした不祥事は、こうしたしがらみから起きた。地元の会社員をしているある市民が、いつも福祉関係の仕事にボランティアとして非常に熱心に協力していた。やがて、2人は意気投合する間柄になり、個人的に親交を深め一緒に旅行などもするようになった。

ここまでは何ら問題もなかったが、この課長が異動で土木関係の課長に就任してから様相が変わった。この会社員はそれまで長い間勤務していた土木会社に辞表を提出。社長はその理由を尋ねたが、曖昧な答えで、とにかく辞めさせてほしい、とのことだったため、やむを得ず辞表を受理した。

その1か月後にこの会社員は地元の別の土木会社に再就職。そして、すでに昵懇の間柄になっていた土木関係の課長にアプローチし、転職後の1年間に4件の土木工事をこの転職先の会社が落札した。この会社員が、課長から最低入札価格を聞き出していたとみられ、課長からすれば前職の福祉関係の課長時代に、親身になってボランティア活動に協力してくれたこの会社員とのしがらみから、最低入札価格を漏らしただけでなく、現金10万円や宿泊を伴う数万円の遊興接待を受けた収賄容疑で逮捕された。

「しがらみ」は業者との間だけではない。公務員の場合、元上司との間でも起きる問題である。6年前に定年退職した水道局の元上司が入札妨害罪で起訴された。この元上司は、退職後、自分で水道関係のコンサルティング会社をつくり、今は係長に昇格している元の部下からこの自治体で予定されている水道工事関係の最低入札価格を入手し、コンサルティングしていた水道工事会社に伝えていた。

元の上司は日頃から職場を訪ねて来ては、水道局の人事情報を詳しく話していたため、係長は価格情報を伝えないと自分の今後の人事に影響するかもしれないと思い、してはいけないと分かりつつ、情報を漏らしていた。上昇志向を持つ人間の心理を巧妙に利用されたのである。

「しがらみ」から生まれる不祥事は、贈収賄がらみのことがほとんどのため、逮捕、又は懲戒免職という公務員にとっては最悪の悲劇を招くことを肝に銘じておくべきである。

まとめ

職場の人間関係から、結果的に〝巻き込まれてしまう不祥事〟ほど、後悔するものはない。

先人曰く、「後悔、先に立たず」。

第Ⅱ章　不祥事防止は難しくない

～「知識」より大切な3つの「意識」～

日本相撲協会で起きたひとりの横綱による暴力事件は、たったひとりが起こした不祥事が、組織の根幹を揺るがすような大不祥事に拡大することをまざまざと見せつけられた。不祥事は、どこでも誰でも起こす可能性がある。しかし、役所内にそうした不心得職員が大勢いるわけではない。もし、いたとしても数人、あるいは2～3人かもしれない。ところが、そのたったひとりが起こす不祥事が組織全体に大きなダメージを与えるのである。しかも、その不心得職員が、いつ、誰になるかは見当もつかない。不祥事が発覚したとき、「やはり、〇〇か。いつかは問題を起こすと思っていた」というケースは少ない。むしろ「え！　あの人が……？」と意外な思いをするケースの方が多い。

では、未然防止するためにはどうしたらいいだろうか。それには、誰か特定の人を対象にするのではなく、〝そのひとりのために全員〟が、〝全員のために一人ひとり〟が、危機管理意識を高めることが大前提になる。つまり、「組織全体の意識」を常に高めておくことが大切なのである。

日本相撲協会の場合も、２０１７年12月21日に親方、力士など全協会会員約１０００人を両国国技館に集めて「暴力問題の再発防止」をテーマに研修会を開くなどしている。ただ、「意識」というのは時間の経過とともに劣化していく性質があるので、定期的に意識啓発の研修を継続していかなければ効果はない。そういう意味から、日本相撲協会が、今回の事件の教訓を今後、力士の意識啓発にどう継続的に取り組んでいくか、興味深いものがある。これまでの経験から、私は、組織の、そして一人ひとりの「意識啓発」には、次の3つの視点からの意識啓発をすることが重要であり、同時に最も分かりやすく効果があると信じている。

1 「ちょっと変だな」「本当に大丈夫かな?」という意識

不祥事には必ず〝兆候〟がある。別の言葉でいえば「思い当たるフシ」があるものである。コンサルティングをしているときに、問題を起こした当事者から、「そういえば、あのとき、ちょっと気になることが……」という言葉を、これまでどれだけ聞かされたことだろうか。つまり、〝そのとき〟に間違いなく〝ある兆候〟(サイン)を感じ取っていたのである。にもかかわらず、前述したように「経験」と「仕事の慣れ」から、「多分、大丈夫だろう……」と、自ら、打ち消しているのである。

不祥事の兆候に気づいたとき、大事なのは難しい現状分析とか、状況認識などではない。ただ一言、「ちょっと変だな」、あるいは「本当に大丈夫かな？」という、実に単純明快な「疑問を示す言葉」で事象を見ることである。この言葉で遭遇した事象を見る限り、必ず「兆候」を見落とさずに済む。この言葉を意識しているかどうかが、運命の分かれ道になるのだ。

その典型的例が、２０１７年12月11日の新幹線「のぞみ34号」で起きた破壊寸前の台車亀裂事故である。このケースは、公務員の仕事の中でもそのまま参考になる「危機を招く意識の欠落」が豊富に提示されていることに注目してほしい。

この新幹線は、２０１７年12月11日、午後1時33分に博多駅を出発。わずか2分後の午後1時35分ごろ、13号車と14号車の間のデッキで車掌（25）は甲高い異音を感じ（これが最初に異変を感じた時点）車掌長に報告するも、乗務歴17年4か月のベテラン車掌長は通常と同じと認識してしまった。しかし、その後、車掌らが焦げたにおいを感じ始めたが、最初の停車駅の小倉駅を出た午後2時18分ごろ、車掌長は「においがする」が「異音はない」と東京の指令員に報告した。そのまま出発し、福山駅を過ぎた午後3時15分、乗客から「モヤがある」との指摘があったほか、車掌らも音や振動を確認、車掌長は指令員に「モヤ」について報告した。

午後3時16分、岡山駅から乗車してきたＪＲ西日本の保守担当者3人も異臭や異音に気づいた。午後3時31分、「音が激しい。床下を点検したいんだけど」と東京の指令員に報告。指令員から「走行に支障があるのか」と問われ、保守担当者は「そこまではいかないと思う。見ていないので現象がわからない」と返答したところ、指令員は「走行に支障はない」と判断したという。

「安全をとって新大阪で床下（の点検）をやろうか」という問いかけに対し、指令員はちょうど隣にいた上司から現状報告を求められ、耳から受話器を離したため、この問いかけを聞き漏らし、「ちょっと待ってください」と応答。このやり取りを聞いていた別の保安担当者は「床下点検の準備が始まった」と受け取ってしまった。

午後3時55分、指令員から「走行に支障がある感じでは」との問い合わせに、保守担当者は「判断できかねる。異常がないとは言い切れない」と応答。この時点で保守担当者は「指令員が点検の調整をしてくれる」と判断し、一方、指令員は、「点検が必要なら伝えてくれる」と思っていた。

午後4時1分、新大阪駅に到着。車両はJR東海の管轄となり、JR西日本の保守担当者も下車、車掌も運転手も交代した。その際、JR西日本の乗務員は異臭があったため、保守担当者が確認したが、走行に支障はないと連絡した。指令員間での協議は行われなかった。

引継ぎを受けたJR東海の車掌が京都駅を過ぎたところで異臭を感じ、午後5時ごろ、名古屋駅到着後に、初めて床下を緊急点検した結果、油漏れを発見したため、運転を取りやめた（読売新聞、2017年12月28日より抜粋）。

最初に異常を感じた午後1時35分ごろから数えると実に予兆を30件も感じていながら、「多分、大丈夫だろう……」と判断して、走行を続けていたのである。乗務員や保守担当者は、異変の兆候を軽く考えてしまい、先送りしたことになる。

つまり、誰ひとり「ちょっと変だな」とか、「本当に大丈夫かな?」という疑問を抱かなかったのである。危機管理意識があれば、必ずその時点で「ひょっとしたら……」と不安を覚え、停車を早め、異常を発見できたはずである。原因はすべて、「多分、大丈夫だろう……」という危機管理意識の欠如であり、それに対して「ちょっと変だな」「本当に大丈夫かな?」と疑問に思う言葉の欠如である。

役所で起きた事例の場合もまた同様である。ＤＶ被害者の女性の住所が、納税課のパソコン端末から引き出され、それが相手の男性に伝わった結果、殺されるという事件が起きた。役所側で調べた結果、夫になりすました探偵会社の経営者が納税課に電話し、巧妙な口実でこの女性の住所を聞き出していた。電話で応答した職員はうっかり本人確認もせずに女性の住所を伝えてしまったらしい。

この住所が依頼したストーカー男に伝えられ、その日の夜に男性は相手の女性を刺殺し、男性も現場で自殺したのであった。その後、役所側の調査で、さらに判明したことは、納税課のパソコン端末はその日、朝8時台から午後5時過ぎまで昼休み時間を含めて、ログイン状態のままであった。マニュアルでは、「離席する場合はログアウトすること」などが決められていたが守られていなかった。納税課の職員全員に事情を聞いたが、誰も記憶にないということで、情報を漏らした職員が誰かは不明のままで終わった。窓口業務は多忙で、その都度、ログイン、ログアウトするのは煩わしいと思ったのか、職員はルールはあっても守っていなかったのである。

問題は、この課の課長、課長補佐、係長である。当然、管理職として、部下の職員たちがルールを守っていなかったことに気がついていたはずである。あるいは、仕事ぶりや動作から見て、その都度、パソコン端末の前でログインやログアウトする姿を目にしていたはずである。しかし、「窓口業務は多忙だから」「入れ替わりで、すぐ職員が使うから」といった理由から、見て見ぬふりをしていたのかもしれない。

ここでも「ちょっと変だぞ」「誰もログイン、ログアウトしていないようだ」という危機管理意識が働けば、上司として注意できたはずである。管理職を含め職員全員が、あらゆる仕事において常に「ちょっと変だな」「本当に大丈夫かな?」という危機管理意識であらゆる事象を見る習慣がついていれば未然防止できた事故であり事件だったといえる。

ある役所では、生活福祉課の経理担当の職員が異動した後、後任の担当職員が電算システムの処理状況を調べたところ、生活保護が停止された市民に対して数千万円支出した記録があった。不審に思って上司に報告したが、上司は「数千万円もの大金の生活保護費が支給されるはずがない」「何かシステム上のエラーだろう」と即断し、十分な調査をすることなく放置していた。

その数か月後、この役所ではシステムを変更することになって、このとき、初めて不正に気がついた。その後、警察の調べで、使途不明金は何と、数千万円どころか、2億円を超えていたことが分かった。調査の中で、前任の職員が４００万円を超える着服をしていることが分かり、逮捕された。

まだ全貌は究明中であるが、このケースも、せっかく、後任の経理担当者が不審な点を見つけて上司に報告しても、上司に「ちょっと変だな」という危機管理意識が欠落していたために、不正を見逃し、先送りしてしまった。この後任の担当者が「ちょっと変だな」と感じたからこそ、上司に報告し表面化したわけだが、この「意識」が欠落していたとしたら、この不正行為はそのまま、見落とされ、先送りされていたかもしれない。

不祥事の予防には、監視カメラの増加、チェック体制の二重、三重化、システムの変更、罰則の強化も必要な場合もあることだろう。ただ、それ以上に重要なのは、いつどこで、どのような仕事をしている場合でも、あらゆる事象を「ちょっと変だな」という意識で見ることである。必ず〝不祥事の芽〟に気づき、未然防止することができる。

あるいは、マンネリで仕事をするのではなく、常に「本当に大丈夫かな?」という疑問の目であらゆる事象を見るだけでもいい。予算もかけず、人員増もせず、ルールも変更せず、組織改革も不要であり、この2つのキーワード、「ちょっと変だな」と「本当に大丈夫かな?」を全職員、全組織内に周知徹底することが、不祥事の芽の早期発見と、不祥事の防止には不可欠である。

2 「誰かが見ている」「誰かに見られている」という意識

「無知」から「不祥事」や「違反行為」を起こす職員はいない。普通の社会人として公務員に採用され、ひととおりの研修を受け、役所の仕事をしている限り、不祥事が先方から訪れてくることもないし、遭遇することもない。

「着服」「横領」「収賄」「入札不正・官製談合」「不正受給」「手抜き」「個人情報の誤発送・漏えい」「事務処理ミス」「ずさんな管理・チェック」「無断押印」「書類偽造」「公用車の私的使用」「パワハラ」「セクハラ」「飲酒（酒気帯び）運転」「万引き」「盗撮」「窃盗」等々、これらの不祥事を起こしてしまう理由には、ある「共通した原因」があることに気がつくはずだ。

それは「誰も見ていないだろう」「誰にも分からないだろう」という心理である。これを私は「悪魔の囁き」と呼んでいる。「悪魔の囁き」は誰に対しても、いつでもどこでも囁いてくる。普通の社会人（公務員）であれば、その誘惑に負けずに追い払っている。ところが、その「囁きの恐ろしさ」と、それを跳ね返す「強い意志」、あるいは「自覚」がないと、この「悪魔の囁き」についふらりと負けてしまうのだ。

これは、最近マスコミによく報道される「盗撮」のケースを考えればすぐに理解できるはずだ。「盗撮」を他人が見ている前で堂々とする人はいない。見知らぬ人々を含めて「誰も自分が盗撮していることに気がつかないだろう」と本人が思っているから、盗撮をするのである。誰かひとりでも見ているかもしれない、と思った場合には、彼は盗撮を実行しない、あるいは次のチャンスを待つはずである。

この心理は、ほかのすべての不祥事を起こす原因に通用する。もちろん、人それぞれにもっともらしい理屈をいうかもしれないが、「誰かが見ていれば、その不正はしなかった」点では共通する。

ある役所内で「マイナンバーカード」の業務を担当していた臨時職員が、住民情報システムの中からひとり暮らしの女性の住所を抜き出し、空き巣に入っていた疑いで逮捕された。勤務していた1年半に個人情報に３８００回接触していた記録があり、20代の独身女性のマンションに侵入したり、20代～30代の女性数十人の個人情報や１００枚以上の下着の写真が保存されたりしていたという。これに類した不祥事は全国の自治体で後を絶たず、専門家は「再発防止のために職員の資質向上などの研修」の徹底を求めている。

また、ある役所の障害福祉課の男性職員は、身体障害者や知的障害者に交付している交通無料切符が本人死亡ということで担当窓口に返還されてきたとき、発行事務を担当していたことからこれを盗み、うち3枚をインターネットで売りに出した。この無料切符は、本人しか使用できず、また売買もできない規則になっているにもかかわらず、「誰にも分からないだろう」と考えたためである。結果的に1枚が販売できたそうだが、このネット上での販売情報が、警察のネットパトロールで発覚し、20日後に売りに出したのが誰であるかが特定され、警察に逮捕され、この職員は懲戒免職になった。

ちょっとした出来心から1～2万円の交通無料切符で得た対価は、公務員としての仕事と数千万円の生涯賃金を失ったことであった。もし、この職場の上司が日頃から「公務員の一生を通じた行動基準は、『いつも誰かが見ている』『誰かに見られている』ということだ」と指導し、「悪魔の囁きに負けないこと」と啓発していれば、この不祥事は起こさずに済んだことだろう。

警察が不法駐車や空き巣や万引きなどを予防するために、ギロリとした大きな目と、「見ているぞ！」という大きな文字で書いたポスターを貼っているのを覚えている方も多いだろう。この着眼は「見ている側」の視点からの警句であり、それなりに効果がある。

一方、「誰かが見ている……」「誰かに見られている……」というのは、見ている側の視点ではなく、「見られている自分の側」に対する警句になっている。ちょっとした違いだが、前者のポスターはそのポスターを見た人にしか通用しないが、後者のコピーは、いつでも、どこでも、自分にハッと気づかせ、抑止させる効果を持っている。

例えば車で仕事に出かけた職員が車内でたばこを吸っていて、人通りのない田んぼ道に入ったとき、窓を開けて藪に向けて吸殻を捨てた。この藪の向こう側では、たまたま農家の人が仕事をしていたため、「誰が捨てたのか」と思って背伸びして見たら、役所の車が走り去っていたのが目についた。やがて、住民から役所に電話が入り、ことが明るみに出た。上司が見ていなくても、単独で役所外で仕事をしている場合でも、この言葉を日頃から胸の中に叩き込んでいれば「やめておこう」という抑止力が働く。

職員だけでなく、パートやアルバイト派遣社員も含めて、職場の全員に不祥事防止の意識を啓発するためには、この「誰かが見ている」「誰かに見られている」という、この単純明快な言葉の周知徹底を図ってほしい。その防止効果は、想像以上の効果を上げることだろう。

3　「自分を守るための危機管理だ」という意識

これまで、多くの首長から「うちの職員の危機管理意識を高めるいい方法はないでしょうか」という質問をよく受けた。理由はこうである。管理職は部下を持ち、自分の職務と立場を自覚しているので、危機管理に対する自覚はそれ相応に高いことは一目で分かる。しかし、一般職員の場合は研修を重ねても、マニュアルをつくっても、システムをつくっても、まだまだ他人事のように考え、危機管理意識が自分のものになっていないように感じる。ここの点を何とか研修で意識改革してほしい、ということであった。

首長をはじめとして、部長、課長などのラインの人間が声を大にして危機管理意識の重要性を訴えても、現場の職員たちは「ご無理ごもっとも……」と聞いてはいるが、なかなか真剣にはとらえてくれない。その理由ははっきりしている。「危機管理が大事ということは分かっています。でも、危機管理は管理職の仕事でしょう。我々は現場を持っていて忙しいもので」という気持ちがあるからである。

確かに「危機管理」には「管理」という言葉が入っている。英語では「リスクマネジメント」だ。つまり、一般職員から見た場合、「危機管理は管理職がやる仕事」であるというイメージがどうしても付いて回る。だから、研修しても「出ることは出るけれども、これは本来は管理職以上の人の仕事」という気持ちがどこかにあるため、真剣みに欠ける。そのため、首長の目には「まだどこか真剣みが足りない」と映ってしまうのだろう。「危機管理、大事ですね」などといっても面従腹背かもしれない。

こうした問題提起をされて、私なりに考えに考えた答えは、「危機管理は管理職の専従業務ではない。危機管理は誰のためのものでもなく、『自分と自分の家族を守るため』に欠かせない自己管理のひとつである」ということであった。

考えてみれば、家庭内にも「家計管理」とか「健康管理」とか「安全運転管理」というように、個人生活に欠かせない「管理業務」が存在する。個人は社会人として組織に属していることが多い。公務員も役所という組織の一員であるならば、管理職、一般職とは関係なく、危機管理は、自分と家族の生活を守るために欠かせない「自己管理」のひとつにすぎない、という自覚を持たなければならないのである。

まして、注意しなければならないのは、組織内の不祥事の90％は現場で起きる点である。仕事をしているのは〝現場〟が一番多いからだ。残りの10％の不祥事は管理職が起こす。この現場の職員の不祥事を防止するためにも、職員一人ひとりの危機管理意識を高めることが、どうしても必要なのである。危機管理は他人事ではなく、直接自分の家計に響いてくる時代になったことを自覚しなければならない。

公務員不祥事に対する納税者の目が一段と厳しくなってきた昨今、これまでと違って役所も処分規定の許す範囲で、一段と厳しい処分を出さざるを得ないケースが増えてきた。処分が甘いと、議会からも納税者からもマスコミからも「処分が甘すぎる」「反省の姿勢が見えない」などと糾弾されるからだ。このように、危機管理は他人事ではなく、直接自分の家計に響いてくる時代になったことを知らねばならない。「泣いて馬謖《ばしょく》を斬る」といった厳しい処分は、これからますます増えてくることと思われる。

まとめ

不祥事防止のため、職場に周知徹底すべき「7つの行動指針」
―危機の90％は現場で起きる。現場にこの行動指針を徹底しよう―

①　いつも「ちょっと変だな」「本当に大丈夫かな?」という意識を持って仕事をしよう!

・この意識があれば、不正のほとんどは一歩手前で防止できる。

・リスクの兆候を知らせる「サイン」を見逃すな!

②　いつも「誰かが見ている……」「誰かに見られている……」という意識を持って仕事をしよう!

・この意識があれば「悪魔の囁きの誘惑」に負けずに済む。

・「誰も見ていない……」―これが不正に手を染める動機だ。

③　「おかしいと思ったこと」は「おかしい」と上司に言おう!

・「報連相（報告・連絡・相談）」は職場の基本行動である。

・上司は部下の報告に、真摯に耳を傾け、対応しよう。

④　「前例」と「慣例」は危機を生む温床だと警戒しよう!

・組織を突然襲う危機が「前例主義」「慣例からの判断」だ。

・〝時代遅れ〟の、この〝モノサシ〟が危ないと知ろう。

⑤　不正行為はいつか必ず発覚すると知ろう!

・「告発」という〝時代の刺客〟がどこでも目を光らせている。

・「見つからなければいい……」という考えは、もう通用しない。

⑥　コミュニケーションの欠如は、必ず危機を招くと知ろう!

・危機の原因の一端は管理職のコミュニケーション力にある。
・風は風上から吹き、水は川上から流れる。

⑦ それをマスコミが知っても問題にならないか、自問しよう！
・マスコミがそれをどう見るか、が問題になる。
・組織論理ではなく、「社会の目」でその事案を見よう。

第Ⅲ章　リーダー・管理職としての平時の危機管理心得

職場の危機は予告なく、突然襲ってくる。しかも、これまで経験したことがないような事象だから危機になるのだ。経験則が生かされないことが多いため、判断に迷い、対応に不安が付きまとう。加えて、組織のリーダー・管理職が不在だと、誰も判断し指示する人がいない。つまり、危機発生時にこそ、リーダー・管理職の真価が問われることになるのだ。公務員生活の中で、そのような危機に遭遇するのは1回、多くても2回くらいだろう。しかし、経験を重ねるわけにはいかない。経験則が生かせない危機に関して、平時からどのような心構えが必要だろうか。そこで、万一に備えて平時からのリーダー・管理職としての危機管理の心構えとノウハウについて説明する。これはまた、不祥事を未然防止するために欠かせないリーダー・管理職としての心得に通じる。

1　部下の仕事に関心を示し、声をかけよ！

不祥事の対応策の相談を受けた場合、私が最初に首長、又は組織トップに聞くことは「この不祥事を起こした部署の管理職は、どのようなタイプの方ですか」ということである。これまでの多くの経験から、組織内不祥事を起こした場合、その原因の一端は明らかにその直属上司である管理職にあることが分かったからである。

それは単に形式的な管理責任からではない。日頃の部下とのコミュニケーションのあり方とか、部下からの信頼感の有無とか、リーダーシップとか、そして人間性などの点からである。それほど、職場の不祥事はその管理職の人間性と無関係ではないのである。

平時から、リーダー・管理職が留意すべき心得として第1に挙げたいことは、「上司は部下の仕事に関心を示し、声をかけよ」ということである。部下の心理として、上司が自分のやっている仕事に対して「関心を持っているかどうか」は、非常に気になるものである。上司が自分の仕事に関心を持っていてくれ、「だいぶ進んでいるね」などと声をかけてくれたりした場合、この職員は間違いなくモラールアップすることだろう。

「上司が自分のやっている業務に関心を持ってくれている」と感じたこの職員は「もっといい仕事をしよう」という気持ちになるだろうし、「この上司には迷惑をかけないようにしなければ」という気持ちも出てくるかもしれない。その反対に、何かのきっかけで、「上司が自分の仕事に関心を持っていない」ということに気がついた職員は、その瞬間からモラールダウンする。さらにはモラールハザードを起こす可能性が高くなる。

定年を3年後に控えた一般職員のケースである。仕事の内容はエリア内の各事業所で使用しているボイラー設備審査をひとりで担当していた。煤塵《ばいじん》の排出量などが基準に適合しているかどうかを書類で審査し、その結果を業者に通知する仕事であった。しかし、この職員の上司は仕事をすべて部下任せにしていて、全くチェックしていなかった。専門業者が点検した書類を見て適・不適の判定をするだけなので、あまり重要視していなかったのだろうか。ノーチェックだったことからして、上司はこの職員とほとんど会話もしていなかったのかもしれない。

この職員が退職して後任の職員が引き継いだ時点で、ある不備が分かった。3年間で、２００件を超える事業者からの提出書類のうち約50件は全く審査せずに放置、70件近くは審査後当該事業所に通知していなかったのである。３年間で6割近い不適切処理をしていたことになる。このケースの場合、もし、上司がこの担当職員に対して、次のような〝声かけ〟をしていたならば、この不祥事は起きなかったかもしれないのである。

「○○さん、そろそろボイラーの審査シーズンになったね。我が自治体も前よりは少し景気が上昇しているかもしれないよ。過去3年間のボイラー審査の提出件数をちょっと見せてくれないか」。

この職員は「これまでの上司は1度もこんな話を持ちかけてこなかったが、今度就任した上司は自分の仕事に関心を持ってくれている」ということに気づき、喜んでデータを整理して上司に報告することだろう。

「見てください。確かにこの3年間で提出件数は2倍近く増加しています。ようやく景気の影響がこの地方にも及んできたことなのでしょうね」。

「なるほど。確かにそう見ていいだろうね。しかし、この調子で増加するとなると、この仕事はひとりでは無理になるかもしれない。来年度は無理にしても、次々年度には1名増やす必要があるかもしれないね」。

このような声かけをしたならば、「増員は自分の定年までは間に合わないとしても、この上司はそこまで気配りをしてくれているのか」と知って、いっそう、仕事に精を出すことだろう。これが組織における部下の心理である。このケースはまさに部下のモラールハザードの結果、起きた不祥事である。なお、上司よりも部下の方が年上、というケースは珍しくない時代である。年上、又は先輩だったので余計な口出しはしにくかった、あるいは遠慮していたというのは、管理職として管理・監督責任を「放棄」していたことであり、理由にはならない。

まとめ

「今日一日、会話していなかった部下がいた……」というパソコン時代の職場環境。それだけに、部下に対する上司のちょっとした「声かけ」が、不祥事を防止する!

2　ABCの視点からマネジメントせよ！

職場の不祥事も防止する上で、管理職の果たす役割は大きいが、どのような基本心得で部下と接したらいいのだろうか。その方法はいろいろあるが、次のような、A、B、Cの3つの視点からの接し方を心得ておきたい。

第1は「A（アドバイス）」、つまり「助言」である。言葉だけで済むことなので、簡単なようだが、これにはコツがある。部下が何か悪戦苦闘しているようなときに、ひと声、声をかける。「どうした？　だいぶ頑張っているようだね」。そして、部下が何か相談してきたら、ピンポイントで、的確なアドバイスをしてあげる。上司にとってはごく当たり前のことであっても、部下にとっては未経験のため、不必要な時間と手間をかけているケースがよくある。豊富な経験と知識を基に、的確なアドバイスをする。部下は「うちの上司はいつも余計な話はしないで、的確なアドバイスをしてくれる。さすがだな。自分もあのような上司になりたいものだ」という憧憬の念を抱くことになるだろう。

第2は「B（バックアップ）」、つまり、「手助けしてあげる」ことである。アドバイスと違って、言葉だけではなく、上司自ら、行動して力を貸してあげることを指す。資料の山の中で資料探しをしている部下に「何か探しものかね」と声をかけてみる。「はい。実は作成中のX計画の件ですが、ほぼ計画書はまとまったのですが、自分としては、どうしてもここにYというデータを入れたいと思い、あちこち探しているのですが、なかなか見つかりません。どこかにないかと、探し回っているところなのです」とこぼしたとする。

これに対して「そうか。そのデータならば、県会議員をしているZ先生が、以前、うちの市会議員をしていたときに、全国の同規模の自治体からそのデータ集めをしていたよ。5年ほど前だが、大きな流れを把握するには利用できるデータのはずだよ」。こう伝えたあと、「Z先生とは、よく知っている仲だから、Z先生に今、電話で要件を話しておくから、あとでもらいに行くように」と伝えて、目の前でZ先生に電話をする。それを見た部下は「うちの上司の人脈はさすがだな。それに即座に行動に移して迅速な対応をとってくれる」と、畏敬と信頼の気持ちで上司を見ることになるだろう。

第3は「C（コンサルティング）」、つまり、「相談に乗ってあげる」ことである。管理職としては当たり前の行為だが、これにもポイントがある。それは絶対に「今、忙しいので、あとにしてくれ」と言わないこと。管理職が多忙なことは誰にも分かっている。にもかかわらず、部下が悩み事を持ってくるというのはよほど切羽詰まった状況かもしれないのである。

「今忙しいので……」と言われた部下は、「どうせ上司は忙しいだろうから」と自分にいい聞かせて、以後、相談を持ちかけてこないおそれがある。不祥事が上司に伝わらず、先送りされる原因のひとつがこれである。したがって、管理職は「今忙しいから」はタブーであることを心得ておかなければならない。では、どう応答したらいいか。どんなに時間がない場合でも次のように応答することである。「すまん。これから会議が始まるので、あと5分しかないんだけど、それでもいいかな?」。

この返事を聞いた部下は「いいえ、私の話は6分以上は必要ですので……」などとは決して言わず、「分かりました。私の話は3分で終わりますので」と答えるものである。この応答で部下は「うちの上司は、どんな忙しいときでも部下の話を聞いてくれる人だ」という印象を持つ。

ABCの視点から部下に接触することは、「部下の信頼を得られること」「職場の風通しがよくなること」の理由から、職場不祥事が起きにくい環境づくりに不可欠なマネジメントである。

まとめ

「実るほど頭を垂れる稲穂かな」

若い部下に対する対応の仕方について悩み多き管理職へのヒント「ABC」。間違っても「鬼軍曹」のあだ名をもらわないために。

3　３６０度の角度から、部下の仕事を見守れ！

不祥事の兆候は必ずあるし、その芽もある。問題はリーダー・管理職が、あるいは組織としていかに早期にそれを発見するかである。そのためにはリーダー・管理職がその職務の一端として常に部下の仕事を「危機管理の目」、すなわち「ちょっと変だな」「本当に大丈夫かな？」という意識で見ることが欠かせない。ただし、この「見方」が大切である。いつも同じ視点（問題意識）から見るのではなく、３６０度の角度から、つまり前から後ろから斜めから横から、場合によっては全体を見回すことが大切になる。

例えば、学校でのいじめ問題は、先生たちや保護者にとって悩みの種となっている。しかも、いじめの兆候を見つけるのに大変難しさがあるため、気づいたときには深刻な様相に至っていることが多い。ただ、いじめにはある特徴がある。それは「いじめる側」は多くの場合、複数であり、「いじめられる側」はほとんどひとりである点である。したがって、個々に生徒を見ていても兆候を見つけることは難しいが、全体の動きを鳥瞰図的に見ることで、ちょっとした異変に気づくことがある。職場のパワハラ、セクハラも同様である。個を見ていても気づきにくい。相互関係という複眼で見なければ兆候を見逃すことがある。

東京都が実施したアンケート調査で、都内の企業の実に4割近くの企業でパワハラやセクハラがあることが分かった。従業員30人以上の企業２５００社を対象に行い７９４社から回答を得られた。「何らかのハラスメントが職場で起きて、問題になった」と答えた企業が２１０社（26・４％）で、４分の１を占めた。「問題になったことはないが、実態としてハラスメントがある」と答えた企業は91社（11・５％）、合わせて37・９％の職場でハラスメントがあることを示した。

「３６０度の角度から部下の仕事を見守る」とは、部下の仕事をサポート（手助け）し、ケア（面倒を見）し、アドバイス（助言）し、指導し、注意し、チェック、管理することを指している。こうした多角的視点から部下に接するという意味である。このような上司の下では上司と部下の間の信頼感が醸成されているので、不祥事もハラスメントも起きにくいし、起きたとしても初期段階ですぐに上司に情報が入るので、深刻な事態を回避することができる。

〝鬼軍曹〟と陰で部下からあだ名を付けられているようなリーダー・管理職のいる職場はそういう意味では不祥事が起きやすい。ある市役所の課長級職員が、10か月にわたって、20人を超える部下を毎朝、ひとりずつ、呼びつけて机のそばに立たせて、30分前後、大声で指導したり、叱責したため、とうとうパワハラで処分されたケースがあった。指示、命令、注意、叱る、威張る、それだけがリーダー・管理職の職務ではない。３６０度の角度から部下に接することを忘れないことである。

まとめ

「気配り、目配り」のある上司が部下から敬遠されることはない。目の大小と関係なく、広い視野を持つこと。

4　「性悪説」の視点を持て！

「性善説」で済むなら、規則もチェックも管理も組織もいらない。不祥事防止のためには「性悪説の視点」がマネジメント上、不可欠になる。官庁や県庁は別名「管理監督官庁」と呼ばれていたように、役所が許認可を持つ企業や学校、病院、研究所などが、きちんと手順を踏み、ルールを守って運営しているかどうか、指導し、管理監督するミッション（使命）を持っている。

ところが、人手不足からか、仕事の領域が広がったからか、それとも、職員の認識不足からか、不祥事が起きた場合、「（我々は）性善説に立っていた」「だから、不正をすることを前提にしていない（だから不正に気がつかなかった）」といったコメントが不祥事報道記事の中で、よく見受けられる。

例えば、ある血液研究所が40年間にわたって血液製剤やワクチンを未承認の製法で製造してきた不祥事があった。これについてマスコミは「国検査は『性善説』、事前通告、偽装見過ごす」（読売新聞、２０１５年12月10日より）と、国側の審査方法に批判的な見出しで報道した。

また、東日本大震災と原発事故の復興企業立地補助金約2億5千万円をだまし取ったとして、再生エネルギー関連会社の社長が逮捕されたが、「性善説の審査」「地元自治体『裏切られた思い』」（産経新聞、２０１７年7月21日より）の見出しで報道された。この報道記事の中でも「審査の段階では分からなかった。性善説で成り立っている」という担当者のコメントが出ている。

あるメーカーが免振ゴムのデータをねつ造した事件では、同社製品3種類が大臣認定を取り消された。この製品の審査を担当した評価機関側も、「虚偽のデータに基づく申請は想定しておらず、性善説に立っていた」とコメントをしている。

役所に管理監督機関としての使命がある以上、このような「性善説に立っていた」とするコメントはどこか違和感を伴う。せめて、「性善説に立っていたことが不祥事に気づくのを遅れさせたかもしれない、と反省している」というコメントの方が受け入れやすいのではないかと思う。

こうした流れの中で、国土交通省が「これまでは性善説に立ってきたが、これからは性悪説の視点が必要かもしれない」という見解を示していたが、確かに合点がいく見解である。

「性善説」には、チェックの甘さが付きまとう。危機管理は「性善説」では務まらない。心の片隅で「性悪説の視点」に立ってあらゆる事象を見なければならないことを、再認識すべきであろう。

5　職場に潜む「情報ブロック」と「報連相の形骸化」に気をつけよ！

不祥事が起きた場合、リーダー・管理職として気をつけなければならないことは、現場の職員による「情報ブロック」という心理である。「情報ブロック」とは、現場で起きたマイナス情報を現場の職員が抱え込んでしまい、上司に報告しない現象を指す。

不祥事の90％は現場で起きるということは再三、述べてきた。ところが、現場の職員の心理としては「上司に知られないうちに何とか解決してしまいたい……」という気持ちが先に立ってしまう。この思いは、善悪の問題ではなく、組織人であれば、誰しもが抱く気持ちである。この気持ちは「減点主義」の色彩が強い職場では特に生まれやすいし、また、責任感が強い職員の場合にも生じやすい。

ところが、現実には「何とかしなければ……」と思っていろいろ手をつくしても、結局、「何ともならないこと」になってしまい、この時点で初めて上司に相談してくることが多い。コンプライアンスが厳しく問われることがなかった時代ならば、「仕方がない。分かったよ……」と、こちらの立場を忖度してくれたケースがあったかもしれないが、今は、相手も権利意識が高くなり、主張すべきことは主張してくる。「そこのところは何とか……」が通用しなくなったのである。結局「何ともならなくなって」上司に報告したときには、問題ははるかに大きくなってしまっていることが多い。

さらに、もうひとつ別の理由もある。「今の時点で、何も上司まで報告する必要はないのではないか……」と現場が勝手に判断して、「もう少し様子を見てから報告しても遅くはないだろう……」という心理である。「うちは第一報がとにかく遅い。何とかそこを指導してほしい」という首長が非常に多いのも、こうした現場の心理を察知しているからであろう。

これに関連して注意を促したいのは、「報連相の形骸化」である。「報連相」は公務員の基本動作であり、誰もが心得ていることである。しかし、実際には、こうした心理から「報連相の形骸化」が様々な場面で起きていることに気をつけてほしい。本人に悪意はないだけにこの「情報ブロック」は始末が悪い。つまり、本人の自覚がないだけによく起こりがちな間違った判断と対応なのだ。したがって、リーダー・管理職は「報連相の形骸化」を自覚した上で、常日頃から、部下に対して「何か問題が起きたら、すぐに上司に伝えるように」「情報ブロックに気をつけるように」と、注意を促し、意識啓発を心がけるようにしてほしい。

「情報ブロック」は、外部、特にマスコミから見た場合、「本当は上司も知っていながら、組織ぐるみの隠ぺいをしようとしたのでは?」という疑惑を持たれる有力な原因にもなる。「不祥事の隠ぺい」は、マスコミにとって常に最大のビッグニュースであり、こうなってからでは、もう遅いのである。

6 「傾聴」を軽視するな！

「うちの部長は、とにかく私たちの話を聞いてくれるのです。それだけでストレスが軽くなります」。全国の自治体に研修に出向いた際、担当の課長の口からこのような述懐をどれほど聞いたことだろう。「部下の話に耳を傾けること」が、いかに「部下の信頼を得ているか」を物語っている。

職場の危機管理では、次に述べる「職場のコミュニケーション」が基本になるが、それと同じくらい大切なのが、上司の「傾聴」の姿勢である。実はこの「傾聴」は、住民からクレームが出た場合の対応や議員に対する説明の際にも応用できるコミュニケーションのノウハウでもある。

「傾聴」のポイントその1は、部下の話の途中で口を挟まないこと。これは「自分の話を遮られた」「うちの上司は話を最後まで聞いてくれない」という印象を相手に与えるため、マイナスの効果しか生まない。最後まで聞く姿勢が大切なのである。

ポイントその2は、聞き終わったあと、次の一言を最初に口にすることである。「君の言い分（提案、問題提起）にも確かに一理あるね」。この一言が、部下に「上司は私の話に理解を示してくれた」という印象を与える。

つまり、「NO」の印象を与えない効果を持つ。日本語は含蓄があって「一理ある」その裏返しは「九十九理、違う」という意味も含んでいる。しかし、その点には触れずに「一理ある」と伝えたあとから、「ただし、この問題にはいろいろな背景があってね……」と、諄々《じゅんじゅん》と説明する。

この「Yes, but話法」は、相手に対して最初に「否定の意」を与えていないため、結果は「NO」であっても「それもそうですね……」と、相手に納得感を与える効果を持つ。部下からの話に耳を傾けること。この上司の姿勢が上下のコミュニケーションを醸成し、風通しのいい職場環境づくりに結び付く。

7　職場のコミュニケーションを心がけよ！

不祥事を生む土壌として挙げられるのが、職場の上下左右のコミュニケーションの悪さである。日産自動車の無資格検査問題の原因のひとつとして、西川社長は記者会見で「工場長、部長、課長、そこから係長へのコミュニケーションのギャップが非常に大きく、ここに落とし穴があった」と述べている。

ちなみに、日本生命保険が行った職場のコミュニケーションに関する調査がマスコミに報道されている（産経新聞、２０１７年11月19日より）。インターネットによるアンケート調査で、回答数が８５８７人。それによると「飲みニケーションは必要」と回答した人が62・０％もいた。理由は「本音を聞ける。距離を縮められる」が71・３％と断トツ。第２位は「情報収集を行える」で37・

5％、第3位は「仕事の悩みを相談できる」で31・1％だった。男女別に見ても「男性は65・6％」「女性は53・7％」が「飲みニケーション」は必要だとしている。この調査で分かることは、職場の多くで「コミュニケーションが必要とされている」という現状である。

ある役所で、窓口サービス改善の参考にするため、窓口を訪れた市民に職員の対応や業務、施設など約20項目、5段階でアンケートを記入してもらい、約500人の市民から回収した。この分析を指示されたのが市民課の職員5人だった。ところが、この5人は、マイナンバー制度導入などによる業務負担などの不満から、このアンケート用紙80枚に対して、「不満」と改ざんしていたことが判明した。「不満」の回答を多くすることで、窓口職員の増員を狙ったと思われる。

マスコミには「市職員、アンケート改ざん」「増員狙い？　窓口『不満』増やす」の見出しで報道された。このケースなども、上司と職員間のコミュニケーションが良好であれば回避できた不祥事だったはずである。例えば、部下5人がアンケートを分析している部屋に係長がちょっと顔をのぞかせて、「ご苦労様。どこまで進んだかな？」と声をかける。職員が「今、ようやく、5割がたが終わったところです」と答えたとしよう。5割終わったといっても、20項目×500人＝10000項目の半分だから、まだ5000項目残っていることになる。

係長は「そうか。半分済んだか。しかし、まだ5000項目も残っているんだね。大変だな。でも、貴重な市民の声だからしっかり分析を頼むよ」と伝えて、ドアを閉めて帰る。係長のこのささやかで、ちょっとした行為と声かけ、つまりコミュニケーションが、部下に「係長は私たちがやっている仕事に気を配っているんだな……」という気持ちが伝わり、結果的に改ざんなどの反逆的行為など、思いも及ばなかったことだろう。

風は風上から吹き、水は川上から流れる。職場のコミュニケーションは下からは生まれない。もし、あったとしても、それは〝おべっか〟と呼ばれる現象にすぎない。職場のコミュニケーションというのは、組織のリーダー・管理職の方から働きかけていかなければ醸成されないし、職場の不祥事を招く原因もこのコミュニケーションの欠落から生じることが多いのである。

まとめ

① 不祥事の原因の一端はリーダー・管理職のマネジメントにある。
② 危機発生時は、リーダー・管理職が不在だと誰も判断できない、指示できない。
③ 危機発生時にこそ、管理職の真価が問われる。
④ 危機管理は、リーダー・管理職にとって「第4の重要な管理業務」である。

図1　重要な管理業務

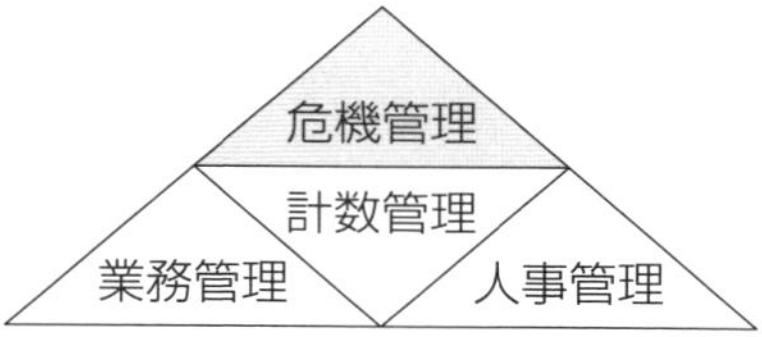

第Ⅳ章　危機（不祥事）発生時の初期対応の基本心得

～初期対応の適否が危機を拡大化、深刻化させる～

「最悪の事態を想定する」──これが危機管理の心構えの大原則である。どのように予防策を講じたとしても、組織危機はゼロにはできないし、また、どのように事態が変化するか、予測がつかないからである。それともうひとつ、危機（不祥事）が起きた場合は、「起きてしまったことは仕方がない」と腹を決め、「どう対応するか」、直ちにすべてを切り替えることである。これが「初期対応の原則」であり、この適否、巧拙がその後の組織の信頼性とダメージを大きく左右する。

1　「一何《いっか》の原則」と「30分ルール」で「第一報」させよ！

危機（不祥事）が起きたとしても、全貌は分からないのが普通である。そのため、前述したように、「もう少し様子を見てから報告しよう」という誤った判断が生まれる。危機発生時の初期対応で重要なのは「一何《いっか》の原則」である。これは、初代内閣安全保障室長を務められた佐々淳行氏が指摘する危機発生時の初動対応の「キーワード」である。

現場で危機が発生した場合には、何かひとつでも危機の芽に気づいたら、「5W1H」にこだわることなく、直ちにその「ひとつのW」を上司に報告せよ、ということである。ところが、実際には、これが実施されていないことが多い。危機管理について基本的な知識を研修で教えてこなかったからである。危機管理は、経験の積み重ねから生きた教訓とノウハウを習得できるのであって、知識だけではこうした「ノウハウ」や「キーワード」は、なかなか習得しにくいところがある。多くの首長から「うちは第一報が遅い」という悩みを聞かされたことを前述したが、「一何《いっか》の原則」は、その首長の立場にズバリ答えるキーワードである。

日本相撲協会で起きた元横綱日馬富士関による傷害事件の場合の対応は、まさにその典型的な事例である。協会の危機管理委員会（委員長・高野利雄外部理事＝元名古屋高検検事長）は、理事であり巡業部長の貴乃花親方のとった対応行動に対して、「まず、負傷についての第一報を相撲協会に行い、事態把握後に追加報告をすべきだった」「事情を把握できないまま事態を放置したことが、本件を長期化、深刻化させた大きな原因のひとつだ」として、さらに「理事・巡業部長として緊急事態発生の報告を怠った責任は大きく、危機管理能力を問われる」と結論付けている。

これが、危機発生時の初期対応の大原則である。貴乃花親方には、いろいろ言い分はあったかもしれないが、教訓として、これほど分かりやすいケースはないだろう。

次のようなケースも同様である。自治体が協賛した野外のイベント会場で、ボランティアによるいろいろな飲食の屋台が出ていた。ところが、ある屋台で飲食をした住民が数名、気分が悪くなるという事態が起きた。ただ、それほどひどいレベルでもなかったため、屋台のボランティアも、会場にいた担当職員も「少し、様子を見ることにしよう」と、手当てをしながら様子を見ることにした。

この種の情報は周りにいた参加者のＳＮＳでたちまち各方面に伝わってしまう時代である。地元マスコミと議員からすぐに本庁の担当課長に電話が入って、「今、○○会場の屋台で飲食した住民が体調を崩したという情報がＬＩＮＥで入った。課長、この件は知っているか?」という問い合わせであった。課長の耳にはまだこの情報は入っていなかったため、「いえ、私の所にはまだその情報は入っておりませんが……」と答えざるを得なかった。

この応答に対して相手はどのように感じるかが、重要である。当然ながら「第三者である自分でも情報キャッチしているのに、担当課長にまだ情報が入っていないというのはどういうことか。組織としての危機管理体制が弱体なのではないか?」という批判と疑惑を持つことだろう。それが当然の反応である。

これに対して、次のような対応をした場合はまるで違ってくる。現場にいた職員が「とにかく、ちょっと気になる事態が起きたのだから、課長に第一報を入れておこう」と判断し、第一報を課長に入れた。マスコミ記者や議員から同じように問い合わせが入ったとき、課長は次のように答えられるからだ。「はい。その情報はつい先ほど現場の職員から入っております。事実関係とその後の様子を確認するために、今、応援の職員2名を現地に向かわせました。同時に、念のため、保健所にも第一報を入れておりますので、1時間後には何らかの連絡があることと思います」。

この説明を聞いた相手は、「そうか。すでに課長の耳に情報が入っており、しかも、現地に職員を出し、指示を出していたのか」と納得し、疑惑や批判の気持ちを抱くわけがない。信頼感と納得感を与えることができる。

これが「第一報」の効用である。課長でなく、首長の場合は、そのプラスマイナスの効用はさらに大きくなることだろう。

「報連相」は現実には「あってなきがごとし」が意外に多い。なぜ、実行されないかはすでに述べたが、もうひとつ、別の原因がある。

それは「報連相」には「時間の概念」が希薄だからである。本人からすれば「上司に報告した」と思っているかもしれないが、実はその報告は数時間がたってからであった、というケースが起きるのである。

就業時間間際の17時15分ごろ、1本の電話がかかってきた。担当職員が受けたところ、市民からのかなりきついクレームであった。相手は厳しい口調で役所側の手順の不備を指摘し、そのせいで大迷惑を被っているという理由から、怒りをぶつけてきた。担当職員は懸命に説明し、穏やかに対応しようとしたが、相手の感情は高ぶる一方であった。電話での応答時間は15分を過ぎ、20分たっても相手の攻撃はやまない。そのうちに上司は帰り支度を始め、退庁した。17時半過ぎになって、ようやく長電話が終わった。担当職員は「上司も帰ってしまったのだから、今の電話の内容は、明日朝一番で報告しよう」と判断し、その日は上司に報告しなかった。「報連相」に「報連相は迅速に」という意味合いが希薄だからである。

ところが、翌朝になって事態は急変していた。マスコミから問い合わせが相次いで入ってきたのである。あの市民が昨夜のうちにマスコミ記者や議員に、「役所の手続きの不備から大迷惑を受けたが、役所側はそれを隠ぺいしている」というニュアンスで伝えていたと思われた。まだ、事実関係を聞いていなかった上司は、相手から「このような重要な問題なのに、部下から昨日のうちに報告がなかったのか」と問い詰められ、対応に苦慮することになった。

危機発生時に重要な点は「迅速な対応」である。このケースでも、「翌朝一番で報告すればいいだろう」、つまり「報連相」は認識していても、「迅速」という時間に対する認識が薄かったのである。

30分以内に上司に報告するという「30分ルール」は、それをはっきりと認識し、自覚するために付け加えた「キーワード」である。危機発生時には、何よりも迅速な対応が重要であり、「報連相」も当然、迅速に行われなければならない。

「一何《いっか》の原則」と「30分ルール」はセットで認識すべき初動対応のキーワードである。

2　部下からの報告に「5W1H」を求めるな！

危機発生時には「5W1H」は把握できないことが一般的である。このことは、消防や警察の業務に携わっている方たちなら、いわれるまでもなく、先刻ご承知のはずである。しかし、実際には「そのような曖昧な情報では判断しようがない。上司にも報告できない。もっと詳しく調べてから報告しろ」などと部下に指示し、「5W1H」を求める上司がいかに多いことか。

「5W1H」は、平常時の情報管理のルールであって、危機発生時には当てはまらない、という危機管理の基本知識が欠落しているからである。例えば、新しい設備をつくる、新しい行政サービスや制度をスタートさせる、出張をする、予算を議会に諮る、こうした場合には必ず、「5W1H」が求められる。それがないと検討したり、判断したりする材料が欠けるからだ。また、その準備が事前に十分できるから可能である。

ところが、日本社会では長い間、「5W1H」をあたかも金科玉条のごとく、〝判断のモノサシ〟にしてきた。危機管理に対する理解が希薄だったからである。このため、一般の職場では、なかなかその理解が浸透しない。〝誤った5W1H主義〟にこだわらないよう、心すべきであろう。危機というのは、準備する間もなく予告なしに突然発生し、しかも未経験の事象が多い、ということを知っておくことが大事である。

では、上司が部下に「５Ｗ１Ｈ」を求めると、どういうことが起きるのだろうか。「うちの上司は必ず５Ｗ１Ｈを求めてくるから、それが判明するまで報告をしばらく待とう……」という考えになり、結果的に「報告」と「対応」が遅れることになる。先に「報連相の形骸化」に注意することを述べたが、このような理由からも「報連相」が遅れることになる。危機発生時は「５Ｗ１Ｈ」より優先するのが「一何《いっか》の原則」であることを組織全体で自覚し、共有しておくべきである。

なお、仕事柄、自治体が作成した「広報マニュアル」を拝見する機会が多いが、そのマニュアルの記載にも、「可能な限り、５Ｗ１Ｈをチェックするように」ということを記載したマニュアルが多い。間違いではないが、現実にはほとんど無理であり、場合によっては、その結果、対応が遅れてしまい、事態の悪化と深刻化を招くおそれがあることは、前述の日本相撲協会の危機管理委員会の指摘のとおりである。

したがって、危機管理マニュアルでは「危機発生時には、直ちに５Ｗ１Ｈが把握できないことが多いので、５Ｗ１Ｈにこだわらず『一何《いっか》の原則』で、報告を第一報するように」と記載する方が現実に即した内容だといえよう。

3 部下を叱るな。報告には「分かった」「ありがとう」を伝えよ!

では、部下から危機情報の第一報が入ってきたときに、リーダー・管理職はどのような応答をしたらいいだろうか。まず、現場から危機発生の「第一報」をする職員の立場から考えてみよう。この職員の心に真っ先に思い浮かぶのは、「上司に叱られるかも……」ということであろうことは、前述したとおりである。自分の仕事のミスや不注意から起きた場合は、なおさらである。この「叱られるかも……」の心理は、次の理由から要注意である。

第1は、この部下の心理が報告を逡巡させること。危機発生時は「迅速な対応」が最優先であるのに、「叱られるかも……」という当該職員の気持ちがそれを邪魔してしまうのだ。第2は、10の事実関係があったとした場合、1から8までは正直に話すかもしれないが、肝心な内容である9と10については、叱られるのが嫌で事実と違ったニュアンスで報告するおそれがあることである。例えば、「その点は先方にはきちんと説明したはずです」「そのことは先方も当然理解していたはずです」などと説明したことが、実際は「その点は十分な説明をしていなかったかもしれない」ということがある。その報告を基に議会に説明し、マスコミに発表したところ、その報道を見た当の相手から「事実と違う」という指摘をされ、失態を招くことになる。

要は、叱ったり、怒ったりしても解決には結び付かないことであり、むしろ、別のマイナス面を招くおそれがあるということである。「叱る」ことと「処分」は、問題解決後にいくらでもできる。

では、この「第一報」に対して、リーダー・管理職としてどう対応したらいいか。あれこれいわずに、ずばり、「分かった」と伝え、「ありがとう」の一言を付け加えることである。この一言は、部下に「腹の据わった上司」「部下を責めずに、責任を回避しない上司」という上司の姿勢を即座に伝えることとだろう。「これは本人のミスもあるかもしれないが、起きた以上は組織の問題である。また上司としての指導や管理の至らなさもあったかもしれない」という上司の認識を示している。「ありがとう」の意味は、「よくぞ、一何《いっか》の原則で第一報してくれた」ことに対する評価の意味を持つ。この言葉を聞いた部下は、改めて深い後悔と反省の気持ちを抱くはずである。

危機発生時にこそ、リーダー・管理職の評価が分かるというのは、こういうことを指している。間違っても〝鬼軍曹〟的な対応をとらないよう、心がけてほしい。

4　公表の遅れで、マスコミの批判を招くな！

不祥事などが起きた場合、最も判断に迷い、そして失敗するのが「公表の遅れ」である。不祥事はマスコミが察知する、はるか前から役所側でキャッチしていることが多い。そのために、「事実関係の究明にひそかに着手」し、事実関係が判明するまでに「時間がかかる」ため、「迷う期間が長く」なり、その間に情報が漏れて「マスコミに察知される」パターンになる。その時点で記者会見を開いても、すでにマスコミにスクープされた後のため、「隠ぺいをしていた」として、批判と疑惑の報道になってしまう。

「公表の遅れ」は、役所側の意図や方針にかかわらず、常に批判報道になる。その理由は、マスコミ側が「公表の遅れる理由」として、次の3つの問題認識を持っているからである。

①マスコミにスクープされてしまったために、やむを得ず記者会見を開いたのであって、本当は隠ぺいしようとしていたのでは？　という疑惑。

②公表が遅れたために被害が拡大（又は、第2の事故が発生）したのではないのか？　という疑惑。

③そもそも、行政側に危機意識が欠落していたため、公表の重要性を軽く考えていたのではないのか？　という疑惑。

不祥事報道の場合、一番多い見出しは「公表の遅れ」であることに気がつくはずだ。公表の時期は、マスコミが決めたわけではなく、相手が要求したわけでもなく、役所側の「判断と意思」で決めたことである。その点が「3つの理由」からマスコミの批判の対象になるのだ。したがって、公表が遅れた理由について、いくら役所側が説明しても通用しない。こうしたマスコミの視点を知っておかないと、今後も同じ問題から同じ批判報道を招くことになる。不祥事を起こしたことに加えて、公表の遅れから二重の批判をされるようなことは、こちら側の考え方ひとつで回避できることである。これは「危機管理広報」の基本中の基本である。

ある自治体で、2月に税金約40万円が所在不明であることが判明した。納税した住民のもとに督促状が届いたことから発覚した。税務課職員と債権管理課長補佐を兼務していた職員が、担当していた3年余りの間に税金を着服していたのであった。

ところが、調査しているうちに、この職員は公務外で預かっている消防団の会計90万円余りも着服していることが判明した。この結果を踏まえて、首長が5月末に記者会見し、謝罪した。ところが、記者が厳しく問いただしたのは、2月に着服が分かったのに、なぜ5月末まで公表をしなかったのか、という点であった。問題把握から公表まで約3か月もかかったことが批判されたのである。

首長は「2月は、まだ事実関係が把握できていなかったため公表できなかった」と説明したが、マスコミの視点は違っていた。公金着服が把握できた時点で、すぐ公表すべきだったのでは？　という視点である。この自治体が誠意を持って事実関係の調査に地道に取り組み、ようやく全貌が把握できた時点で公表したことが、〝裏目〟に出てしまったのである。結局、首長は「この度の事例を踏まえて、不明金問題が発生した場合は速やかに公表するべきだと考えた」と、言わざるを得なかった。この会見は「首長、公表遅れ陳謝」という4段見出しのタイトルで報道された。

このような視点からのマスコミ報道は決して珍しくないが、では、どのような初期対応をとるのが望ましかっただろう。答えは簡単である。「速やかに記者会見を実施すること」に尽きる。「まだ、全貌が把握できていないのに、記者会見などできるわけがない」という反論が出るかもしれない。事実、必ずこういう反論は、これまで数多く経験してきた。逆に、その経験からこの結論に達したのである。

このケースでも、公金の不明問題などが分かった時点で、全貌が把握できなくても速やかに記者会見を行い、「現時点で分かっている事実」を説明したあと、「少なくとも1か月以内に全貌を解明すべく、調査委員会を立ち上げました」「全貌が判明した時点で、再度報告する予定です」という〝定番〟の手順を踏んだ対応をとれば、このような批判報道にはならなかったことだろう。

緊急記者会見は、〝諸刃の剣〟の意味合いがあって、上手に運営すると、批判や疑惑の報道のトーンがそれほど厳しくない内容で終わることができるが、その逆の場合には「こんなことになるのなら、記者会見をしなければよかった」という結果になる。後者の場合、その原因の最たるものが「公表時期の遅れ」であることを、理屈抜きに理解してほしい。「役所側の理屈」よりも、「マスコミの理屈」で批判され、報道されるからである。

まとめ

① 不祥事はマスコミが察知する前に記者会見で公表せよ！

② 「批判型報道」と「客観型報道」の差はどこで生じるか。

5 「自治体目線」ではなく、「社会的目線」で判断せよ！

不祥事が起きた場合、官民を問わず、どうしても「組織の論理」が先に立ってしまいがちだ。自治体の場合も「自治体目線」から判断し、「自治体目線」で対応してしまう。しかし、結果的に社会やマスコミから厳しい批判を浴び、信頼感の喪失を招くことになり、「こんなことになることが分かっていれば……」と、臍《ほぞ》を噛むことになる。

図２　スクープ報道と発表型報道の差

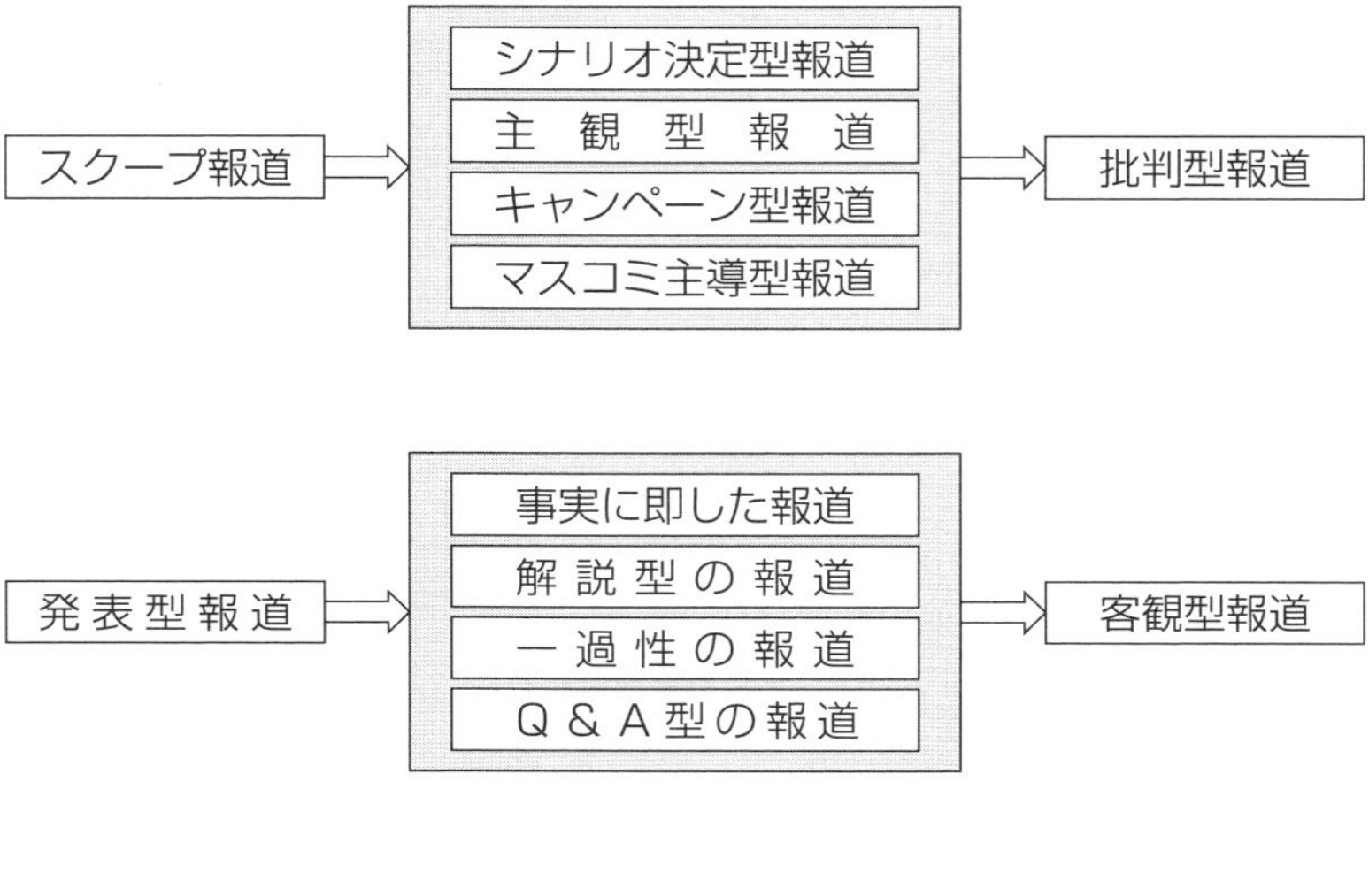

危機とは、「社会とのかかわり」が生じるから危機になる。別の表現をするならば、社会（納税者）とかかわりが生じるから危機になると認識することである。社会（納税者）と何の関係もない事象であれば、例えば、職場で職員同士のトラブルが起きたとしても、そして、役所内では頭の痛い事案であっても、それは所詮、組織内の問題にすぎず、危機ではない。ところが、これがパワハラやセクハラという内容だった場合は、役所内の問題にとどまらず、社会的問題になるため危機になる。

したがって、危機が発生した場合、自治体の目線（組織の目線）で判断すること自体が、最初から不適切だということが分かる。いろいろな危機の体験をしていれば、このことはすぐに気がつくはずだが、残念というか、幸いというか、そのような危機の経験豊富な公務員はほとんどいないため、なかなか「社会的目線（納税者目線）」で判断することが育ちにくい。頭では分かっていても、気持ちがついてこないのだろう。

危機発生時には、「社会がどう見るだろうか？」「納税者はその対応で納得するだろうか？」などと自問自答することがとても大切になる。自治体目線で考えていたことが、「ちょっと待てよ」と疑問が生まれ、「やっぱり、その対応はやはり受け入れられないかもしれない」というところに行きつく。

当事者というのは、どうしても組織論理で物事を見る癖から踏み出せないのはやむを得ないが、もし、納税者目線を持つことに踏み切れない場合には、自分の家で奥さんか、お子さんに聞いてみることをお勧めする。当事者ではないがゆえに、意外に当を得た意見や考え方に示唆されることがあるはずである。

民間企業のコンサルタントを受けた場合に、トップに対して「1度、そのお考えを奥様か、（成人した）お子様に聞いてみたらいかがですか。きっと別の視点が見えてくるかもしれませんよ」と、アドバイスすることがある。身内ではあっても一消費者の立場からの意見に、「なるほど、そうかもしれない……」といったヒントが得られることがあるからである。これが「会社目線」ではなく、「お客様目線」からの判断である。

自治体が提示したことを「判断」するのは自治体ではなく、納税者であり、あるいはマスコミである。このことが分かれば、「自治体目線」から、やがて「社会的目線」にピントが合わせられるようになる。

6　「情報の共有化」を怠るな！

危機発生時は真偽不明の情報、未確認情報など、情報が入り乱れるのは珍しいことではない。だからこそ、組織間や関連組織間での情報の共有化が不可欠になる。「情報の共有化」とは、「情報の

〝一気通貫化〟」という意味でもある。

国の運輸安全委員会が「新幹線初の重大なインシデント」に認定した新幹線「のぞみ34号」の台車亀裂事故の場合でも、ＪＲ西日本の車掌、車掌長、保守担当者、指令員の間で、あるいは、新大阪駅で、ＪＲ西日本の乗務員からＪＲ東海の乗務員に引き継ぐ際にも「異臭はあったが、異常はない」と口頭で伝えていた。さらにＪＲ西日本とＪＲ東海の指令員同士でも、運行に関する協議は行われていなかったという（読売新聞、２０１７年12月28日より）。

情報の一気通貫がなされていないと、このケースのように情報自体に強弱のニュアンスが生まれ、そこから〝勝手判断〟や〝思い込み〟が生じやすくなる。「情報の共有化」は、耳にタコができるほど聞いているはずであるが、実際には機能していないことは、このケースを見ても明らかである。それを防ぐためには、なぜ「情報共有が重要か」、その意味を職場の全員がしっかりと理解しておく必要がある。

つまり、危機発生時の「情報」は「事実の情報」だけではない。中には「推測の情報」もあれば「希望的情報」もある。さらには「誤報」もあれば「偽情報」もある。あるいは「意図的な情報」もあるし、「被害妄想的な情報」もあろう。危機発生時には、こうした「もろもろの情報」も、「いい情報」も「悪い情報」も、すべてが「情報」なのだ。

これらの情報が対策本部などで迅速に集約され、そして、それらの情報が〝クロス〟するところに、「事実」があることが「確認」でき、「判断」と「指示」が可能になるのである。これが緊急対策本部の基本的役割なのだ。

この基本認識が大事で、絶対に担当者レベルで「自己判断」して―これは「勝手判断」に通じる―情報の「取捨選択」をしてはならない。すべての情報を組織間で一気通貫で共有して、「判断がまちまち」になったり、「対応がまちまち」になることを防止しなければならない。

危機発生時は「一何《いっか》の原則」で「30分以内に、トップに報告する」という初期対応原則には、「一気通貫で情報を組織間で共有する」ことも含まれているのである。

7　経験則だけで判断するな！

公務員の仕事はすべて法律で規定された「知識」で「判断」し、それに「経験則」に基づいて「対応」している。危機管理にはこのように「知識」と「経験」が基本的に不可欠であることはいうまでもない。入庁して間もない職員と経験豊富なベテラン職員では、そうした点でも歴然たる差がある。そういう意味では、一般的にはベテラン職員ほど危機管理能力に優れているといってよい。日常的に起きているものは「危機」ではなく、単に「業務上のトラブル」にすぎないから、経験豊富なベテラン職員からすれば、苦もなく解決できる術を持っている。

ところが、「危機」というのは、これまで「経験したことがないこと」が、「突然発生」するから「危機」になることはすでに述べた。このため、「業務上のトラブル」で習得した「経験則」だけでは通用しないことが多い。その点ではベテラン職員に限らず、より「知識」と「経験」「判断力」において勝っているはずのリーダー・管理職、あるいは部長、首長も同じである。

ある総合病院で、市内の介護老人保健施設で高熱を出した高齢の入居者が救急車で搬送されてきた。診察に当たった研修医は、その症状から見て高齢者によく見られる典型的な誤嚥による急性肺炎と診断。４人部屋に入院させ治療に当たった。

ところが、入院３日目にこの研修医と看護に当たっていた２人の看護師に異常が発生。念のため簡易検査した結果、当時、全国的に大流行していた新型インフルエンザであることが分かった。「もしかして」と３日前に搬送されてきた患者を検査した結果、やはり、新型インフルエンザに感染していたことが分かった。この患者にはある持病があったため、その後の治療もかなわず１週間後に亡くなったが、結果的に４人部屋の入院患者３人と医療関係者３人の計６人が院内感染してしまったのである。

この件で記者会見した病院側では「症状から見て誤嚥性肺炎を疑った。高齢者に多い症状で、内科医としてこうした方針をとったのも無理はない」と説明したが、新型インフルエンザが大流行している中、なぜ、入院初日に新型インフルエンザの簡易検査しなかったのか、簡易検査をしておけば、このような事態は起きなかったのでは、という批判報道を招くことになった。

医師や看護師、技師、薬剤師などの医療関係従事者は、その「専門知識」と「豊富な経験」と「勝れた技術力」を統合して「判断」し「診断」し「治療」に当たる。そのような医療関係者ですら、「危機発生時」に「経験則」と「知識」だけで判断すると、このような批判を浴びてしまうことがあるのだ。

「経験」＋「知識」に加えて「意識（ちょっと変だな）」の複眼で、あらゆる事象を見ること、これが危機発生時の教訓である。

まとめ

《不祥事発生時は、クライシス・コミュニケーションがカギになる》

・「クライシス・コミュニケーション」とは

・危機が発生した場合
・そのマイナス影響（ダメージ）や
・風評被害を最小限にとどめるため
・「情報開示」を基本にした
・組織内外の様々な対象に対して行う
・「社会的視点」に基づいた
・迅速なコミュニケーション活動

別の表現をとれば

人は起こしたことで非難されるのではなく、
起こしたことにどう対応したか、によって非難されるのである

・クライシス・コミュニケーションの「3つのキーワード」

①「スピード」（迅速な意思決定と行動）

②「疑惑を生まないための情報開示」（説明責任を果たす）

③「社会的視点からの判断」（組織論理の基づいた判断をしない）

第Ⅴ章　こんなとき、あなたならどう対応する？

～メディア対応の基本知識と心得～

不祥事や思いがけない事故・事件などが起きたときは、「迅速な状況認識」と「迅速な判断」と「迅速な指示・対応」が必要になる。このどれかが欠落すると、必ず、メディアや住民、あるいは議員から批判を浴びることになる。めったに経験しない突然の危機だけに誰もが不安に感じるだろうし、自信も持てないことだろう。しかし、危機管理は「自分で経験して習得」すべきことではない。その経験がその後、そんなに頻繁に生かせるような不祥事は起きないし、また、起こしてはならないからだ。それよりも、「経験」せずして、ほかの事例からスキルとノウハウを習得するのが、一番賢明な方法である。

本章では、そのスキルとノウハウを習得できる実践的で効果の高い方法を説明することにする。この方法は実際に全国の多くの自治体で「新任課長研修」（同課長補佐研修）などで、研修カリキュラムに盛り込まれている内容であり、評価を得ているものである。

メディア対応上、基本知識とは何か、基本心得としてはどのようなことがあるのか。さらには、記者会見に当たっての注意点とはどんなことか。いよいよ記者との質疑応答の際に、記者に〝突っ込まれない〟応答をするにはどうしたらいいのか。そのほか、記者会見に関する様々な疑問について、ぜひ知っておきたい項目について述べることにする。

1回だけの苦い不祥事の記者会見の経験から「羹《あつもの》に懲りて膾《なます》を吹く」ことがあってはならないし、逆に、1回だけの経験から「すでに経験済み」と自信を持ちすぎるのも好ましくない。事案の深刻さによっても、出席してくる記者の性格によっても、そのときの社会的背景によっても、不祥事の記者会見というのは様相が変わる。したがって、万全とはいかないまでも、常に、その都度、慎重な対応をとらなければならないし、日頃からのトレーニングを心がけることが大切になる。

1 「メラビアンの法則」を知る

「メラビアンの法則」は、カリフォルニア大学ロサンゼルス校（UCLA）の心理学名誉教授アルバート・メラビアンが、1971年の著書『Silent messages（邦題：非言語コミュニケーション）』の中で発表したもので、その内容は「コミュニケーションの際、話している内容と、声のトーンや態度に矛盾があったとき、人はどんな受け止め方をするか？」ということを研究し、膨大な実験データを分析して、法則化したものだとされている。

分かりやすく言えば、「メッセージの送り手が、どちらともとれるメッセージを送った場合、メッセージの受け手が送り手の声の調子や身体言語といったものを重視する」という内容である。それによれば、７％が「言語情報」（言葉そのものの意味、話の内容等）を、38％が「聴覚情報」（声のトーン、速さ、大きさ、口調等）を、55％が「視覚情報」（表情、しぐさ、見た目）を重視している、ということであった。

図３　メラビアンの法則

・表情、しぐさ、見た目（視覚情報）――（55％）
・声の質、大きさ、テンポ（聴覚情報）―（38％）
・話の内容（言語情報）――――――（７％）

具体的な参考例としては、国会で話題になった加計学園の獣医学部新設の認可過程をめぐる議論がある。元文部科学省事務次官と愛媛県前知事の両者は、国会答弁で異なった立場と視点からそれぞれ見解を説明した。それを聞いている人々は、両者のどの要因を重視して、どのような判断する傾向があるか――、ということになる。

自治体行政にも、こうした場面はいろいろある。ある提案事案に賛否両論あってもめているようなときに、説明する行政側の責任者が、いかにも自信なさそうな表情で、落ち着きのない目線で、語尾も曖昧で、弱々しい声で話した場合と、メリハリのある声で、毅然とした態度で、質問者の目を見ながら話した場合とでは、相手に与える印象度がまるで違うことは、容易に想像できると思う。

「考えてみれば、俺たちは人相見と同じだな……」。不祥事の緊急記者会見を数多く経験してきた複数のベテラン記者から、こんな述懐を何度、聞かされただろうか。

どういうことかというと、記者会見の席で見せる組織トップの表情や声や落ち着きのないしぐさなどで、「何か隠していることがあるのでは……?」という疑惑をすでに抱いてしまう、ということであった。これは、話を聞く記者側から見た「メラビアンの法則」といえるかもしれない。この記者の一言から、私は「メラビアンの法則」は、トップが記者会見の際に知っておくべき基本知識のひとつである、ということを教えられた。このため、トップの記者会見に当たって、必ず「メラビアンの法則」について説明することにしている。この法則を知っているか、知らないかによって、記者会見で記者に与える印象が変わる、ということであれば、無視できない基本知識だということが分かる。

ただ、「メラビアンの法則」は、拡大解釈されて、「人に話すときは、表情やしぐさ、あるいは見た目が52%の影響力を持つ」といった点に重点を置いた理解をされることがあるが、これは〝誤解〟であることを注意しておきたい。

2　記者の立場に立って想定質問を作成する

不祥事の記者会見というのは、いうなれば、記者からスポークスパーソンに対する「口頭試問」

みたいなものである。筆記試験（冒頭の概要説明）は通ったとしても、その後、次から次へと厳しい質問が浴びせられ、その質問に対して即座に的確な言葉で応答しなければ、口頭試問は通らない。しかも、それらの質問は議会での質問と違って事前予告なしである。このような〝問答〟は日常の業務ではあまり遭遇することがないだけに、つい、不用意な言葉を口にしたり、責任回避的な表現になったり、いいたいことも十分いえなかった、ということが起きる。

首長はたいていの場合、多くの試練を経てきた方が多いため、記者からの厳しい質問に対しても腹の据わった対応をする方が多いが、それでも「あのとき、こう答えておけばよかった」「あの一言が批判され、誤解を招いてしまった」というケースは決してないわけではない。選挙運動の最中に、「排除します」という一言がその後の選挙の流れを変えた、といわれる事例もそのひとつである。

不祥事の記者会見で、一番基本的な留意点は「記者の立場から想定質問をつくる」ことである。前述したように、どうしても役所の視点に立った考え方や視点になりがちなため、想定質問もその例外ではない。

よくあるケースは〝組織トップの立場を忖度して〟、本人が答えにくい質問やトップとしての責任を問われるような質問を、つい、避けてしまうことである。しかし、記者の原点は行政に対する「批判」と「疑問」である。〝意地悪質問〟や〝挑発質問〟をこれでもか、これでもかと浴びせてくるのが普通だ。

〝忖度〟をして想定質問を作成した場合、このような想定外の厳しい質問に即座に応答できず、本番の記者会見の席上で組織トップの〝絶句シーン〟を招くことになる。記者会見でのこの〝絶句シーン〟は、絶対に招いてはならない失敗の典型である。仮に答えたとしても、その説明内容や表現が必ずしも適切とは限らず、その答え方ひとつで批判が一気に沸き起こり、増大することがあるからだ。

これを防止するためには〝忖度〟をしてはならないこと、に尽きる。むしろ逆に記者の立場に立って〝記者になり代わって〟厳しい質問、つまり、日頃の管理体制の甘さとか、責任感の認識の有無とか、危機管理意識の欠如とか、判断ミスや指示ミスなど、その不祥事に対する首長、あるいは組織トップとしての「認識」と「見識」を問う質問に意を用いることが大切である。

「５Ｗ１Ｈ」は、分かっていることを説明すれば済むことであり、虚偽の説明や隠ぺいをしない限り、首長が説明しても部長が説明しても、課長や係長、あるいは担当の職員が説明しても、説明内容は変わらない。それは記者自身がよく承知していることである。したがって「５Ｗ１Ｈ」の説明で行政側がそれほど悩んだり苦労することは少ないものである。記者から「批判」されたり、「疑惑」を持たれたり、「追及」されたりするのは、首長や応答する組織トップのその件についての「認識」や「見識」に対してである。

次のような話を記者から聞いたことがある。ある重大な不祥事の記者会見で、記者から「当然、このような大不祥事を起こした責任をとって、辞任するのでしょうね」という質問が出た。これに対してトップの応答は、「日本の社会では、古来、『責任をとる』という言葉と、『責任を果たす』という言葉があります。今回の不祥事に対して、私は『責任を果たす』という選択肢をとることにいたしました」であった。不祥事の後始末をきちんとしたあとに、責任をとって辞任する、という認識を言外に滲ませた答えであった。これに対して、記者たちは一様に「なるほど、このトップは、そのような認識を持っていたのか」と納得し、それ以上の追及はなかったという。

果たして、そのような「想定問答」を事前に準備していたかどうかは分からないが、このケースも、記者の目線に立った「想定質問」の大切さを教えてくれる。

よくある応答の表現としては「その件は事実関係の解明が終わった段階で考えたいと思います」というのがあるが、記者からはすぐに「ということは責任の重大性を、まだ認識されていないから、ということですね」とか、「事実関係の解明と不祥事が起きた責任は、別途に考えて然るべきではないのでしょうか」など、その言葉をとらえてさらに「二の矢」「三の矢」が飛んで来ることもある。そして、その質問や記者に、納得感や共感を呼ぶような説明をするのはかなり難しいものである。

不祥事発生時に、相談を受けた私が最初に手がける業務は「想定Q＆A」である。その際に心がけることは「なぜ？」という視点からの質問の作成である。「なぜ、そう判断したのか？」「なぜ、その指示を出したのか」「なぜ、今までそれに気がつかなかったのか？」「なぜ、報告が遅れたのか？」「なぜ、～？」。このように「Reason Why」の視点から15問、20問、30問と質問を作成していく。これによって、「待てよ。そういう質問が出たら、どう答えたらいいだろうか」という不安が生じ、懸命に「どう答えたらいいか」を考えることができる。「想定外の質問」は、あってはならないのである。

模擬緊急記者会見のトレーニング（後述）の際に、ある具体的な不祥事の状況を設定して、その件で記者会見を行うことになった、という想定で、研修出席者に「1時間以内で想定Q＆Aを作成すること」という課題を提示し、実際にそれを作成してもらう。その「Q＆A」と、私が作成した「モデルQ＆A」を比較しながら、想定Q＆Aのつくり方のポイントを習得してもらう方法をとっている。

3　記者会見の目的を知る

不祥事発生時に緊急記者会見を行うのは当然であるが、やればいいというわけではない。その目的を理解していないと、せっかく記者会見を開いても、マスコミ記者の批判にさらされるだけではなく、意図とは別の報道結果を招く結果になるケースは、これまで数えきれないほどある。

緊急記者会見とは「次の３つの場」だという認識を持つことが大切である。

第１は、社会や納税者に不安や不信感、あるいは迷惑をかけたことに対する「お詫びの場」であること。

第２は、今、分かっていることを速やかに説明する「情報開示の場」であること。

第３は、社会や納税者の不安感、不信感、不便さを解消するために「今後の方針を説明する場」であること。

当然ながら、この３つの目的に沿った対応や説明がなくてはならない。第１の「お詫び」については、誰しもが知っていることであるが、ポイントは、その「お詫び」が、どんなことに対して、そして、誰に対しての「お詫び」であるか、それをきちんと認識しなければならない。例えば、よく見られるケースだが、職員が公金を着服したような場合のお詫びは、「このような不祥事を起こしたことを心からお詫びします」という表現が圧倒的に多いが、ここは「納税者（県市町村民）の（行政への）信頼を裏切る行為をしたことに対して、お詫びする」というように「信頼を裏切る行為」をしたことをお詫びするのである。一職員の着服によって納税者が「迷惑」を受けることなどはほとんどないし、マイナス面があるとしたら、それは行政に対する納税者の批判であり不信感だからである。

これまで数多くの模擬緊急記者会見を依頼されてきたが、90%以上が前者のお詫びの表現であった。「そんな細かなことで……」と思われるかもしれないが、記者の見る目はそのようなところも見ているのである。

第2の「今、分かっていること」を説明するのは、当然のことだが、その説明の仕方にも注意しなければならない。緊急記者会見は、全体像がまだ把握しきれていない状況で行われるのが普通であるため、今後の調査や成り行きで、今、説明していることが今後、変わることは十分にあり得ることである。

そのため、説明に当たっては、必ず「現時点で判明している使途不明金は……」とか、「現段階で個人情報漏えいが判明している人数は……」というように、「現時点では」「現段階では」と、必ず頭にこの言葉を付けた上で説明するようにする。この一言をしっかり認識して説明することで、今後、もし、使途不明金（又は情報漏えいの人数）がさらに増えた場合でも、「前の説明とは大きく違うではないか。調査がずさんだったのではないのか」といった記者からの詰問を受けずに済む。なぜなら、「現時点で（現段階で）」と断って説明したことで、記者は「この情報は今後変わることがある、という前提で説明している」という理解が最初の段階で得られているからである。

このように、ちょっとした「一言」―、実はこの一言にこそ、スポークスパーソンの情報開示と危機発生時の情報特性に対する認識が示されており、それが記者に伝わっているからである。

第3の「今後の方針を説明する」ことは、行政にとって欠かせない記者会見のポイントである。しかし、「５Ｗ１Ｈが把握できていないのに、今後の対応方針が出せるわけがない」という反論があることだろう。もっともな指摘である。しかし、原因が解明されていない段階でも、「今後の方針」は伝えることができるのである。

分かりやすい例を挙げてみよう。ある市で水道本管が破裂したらしく、午後4時ごろ、８００世帯で断水が起きた。マスコミから問い合わせが殺到したため、水道局では急きょ、午後5時に緊急記者会見を行うことにした。会見では「原因は何か」「いつ復旧するのか」という点に質問が集中した。これに対して「原因は、目下、究明中です」「復旧の見込みについては、原因が解明されていないため、今時点では軽々には申し上げられません」と応答した。原因は目下、調査、分析中だし、いつ復旧するかについて、もし説明した時間までに本当に復旧できるかどうか分からない。うっかり復旧時間を伝えて、それまで復旧できなかった場合には、さらに不信感が高まることだろう。そこで、このように答えたわけである。

そのとおりかもしれないが、必ずしもいい答え方ではない。多分、夕方のテレビニュース、翌日の新聞で「８００世帯で断水」「夕餉の時間帯に大混乱」「復旧のメド立たず」「市民に不満の声」といった批判報道をされることが予想される。

しかし、次のように説明したらどうだろうか。「原因究明と復旧作業に懸命に取り組んでいるところです。市民の利便性を第1に考えて、遅くとも本日夜10時までには何とか復旧のメドをつけたい、と思っております」。この場合の報道は「800世帯で断水」「市、懸命に復旧作業」「今夜10時までに何とかメドを」といった報道トーンになりそうだ。

このように、今後の方針について言及せざるを得ない場合は、「市民の利便性」「市民の不安感」など、「市民目線」に立った上で、「遅くても○○までには、何とかメドをつけたい」という〝努力目標〟を伝えることが大事である。「メド」という言葉は「約束」ではなく、「本人の努力目標」を示すニュアンスがある。事実をありていに伝えるか、それとも、行政の今後の姿勢や意思を伝えるか—の違いで、報道トーンが180度、変わるのである。「今後の方針」の伝え方について、実践で生かしてほしいものである。

4 問われるのは「見識」と「認識」である

配布されたプレス資料を見れば「5W1H」の分かっている内容は記載してあるので、これは読めば分かることである。むしろ、記者が質疑応答で問題視するのは、その不祥事に対するスポークスパーソンの「見識」と「認識」である。「記者の立場に立って想定質問を作成する」の項でも説明したが、失敗した記者会見の原因のほとんどは、この点が問題視され、批判報道となった共通点がある。

膨大な個人情報漏えい問題が起きたときの記者会見で、記者から金銭的補償に関する質問が出たとき、トップの答えは「クレジットカードナンバーなどのセンシティブ情報は流出しておらず、金銭的謝罪は考えていない」であった。これが報道されて顧客からの反発を受け、1週間後の記者会見では「200億円の原資を準備し、お客様に謝罪する」と、補償をする方針に転換した（朝日新聞、2014年7月23日より）。

この場合の「見識」とは、個人情報漏えいに対する組織としての社会的責任（CSR）の希薄とお客様の不安感に対する配慮の欠如である。実害の有無ではなかったのである。

タイヤの補強材などの製品の検査データを改ざんしながら、これを1年以上も公表しなかったことが表面化した件で記者会見したトップは「法令違反や安全上の問題がなく、顧客との取り決めだから公表する予定はなかった」とし、インターネットでこの情報が書き込まれたので、噂が流れるよりも正確な情報を公表した方が良いと判断したという。これが、インターネットで書き込みがなければ問題が世に出なかった可能性が高い、として、「遅い対応、認識甘く」「ネットで指摘され公表」という大見出しで批判されることになった（読売新聞、2017年12月28日より）。「バレなければいい」という考えが底流にあったことが「認識が欠落」していたと批判されたのである。

地方創生担当大臣が、ある県で開催された地方創生セミナーで文化財観光振興について語った。

そのときに、見学者への案内方法やイベント活用が十分でないことを指摘した上で、「一番がんなのは学芸員だ。普通の観光マインドが全くない。この連中を一掃しないと」と発言した。

セミナーのあとの記者会見では「『一掃』は言い過ぎだが、観光マインドを持って観光客に説明することを理解してもらわないと困る」と釈明したという（朝日新聞、2017年4月17日より）。

これも「見識」を問われたため、記者会見で弁明したケースのひとつである。もし、大臣が次のように語ったならば、どうだったろう。「学芸員の方々は、文化財の保護と研究のために、その道一筋に取り組んでいるプロ中のプロである。ただ、惜しむらくは研究に熱心なあまり、一般の観光客に対して関心を持たれるような説明にはあまり意を用いていないようだ。せめて、あと5％でも10％でもいいからＰＲマインドを持ってくれたなら、まさに〝鬼に金棒〟の学芸員になると思う」。

このように話したならば、学芸員に対する認識について多くの聴衆の共感を得るだけではなく、「さすが大臣だ。見識のある指摘だ」と感銘を与えたことだろう。

次に「認識」を問われるケースで典型的なのは、「因果関係」を問われた場合である。因果関係というのはすぐには分からないことが多く、また解明するまでに時間がかかる。したがって、行政側が「因果関係」をマスコミから問われた場合は、どうしても「否定」のニュアンス、あるいはスタンスで対応することが多い。因果関係を簡単に認めたら補償問題に関係するし、責任問題にも影響してくる。おのずから及び腰にならざるを得ないかもしれない。その姿勢や応答が「認識の欠如」として批判の対象にされるから注意が必要だ。

学校で問題になるいじめの場合も、「認識の欠落」が原因の失敗がしばしば起きる。教育委員会や校長など、いじめ問題のスポークスパーソンが記者会見で因果関係を聞かれたときに「因果関係は確認できていない」「因果関係があるという事実関係は把握していない」などと、報道で見ることがある。この応答が記者の〝批判魂〟を刺激する。「では、なぜ、自殺したのか」「因果関係を認めないということか」「いじめの兆候はあったはずだ。見逃していたのでは」など、疑惑と批判の質問が矢継ぎ早に出てくる。

因果関係を問われた場合、「否定」のスタンスで答えないこと。これが応答のポイントである。否定したとしても、記者がそれで納得するはずがない。さらに「なぜ、否定するのか、根拠は何か」「その根拠は薄い。納得できない」などと、問うてくることだろう。こうなった状況になると、対立感情が生まれて、理解も共感も得られるはずがない。

このような場合は、因果関係には直接触れないで答える方法があり、しかもその答え方は記者の反感や批判を誘わず、納得感を与えることができる。例えば、次のような説明にする。

「何らかの因果関係があったかもしれないという状況認識の下で、現在調査しているところです」

「何らかの因果関係があったのでは、という立場に立って、事実関係の究明に取り組んでいるところです」

この説明は、記者に「このスポークスパーソンは因果関係の有無を否定するのではなく、あるかも―という前提に立って事実関係の調査をしようとしているのだ」というメッセージが伝わり、批判や疑惑や対立感情は生じないのである。つまり、「認識」に対する理解である。

「確かに、このような応答をされると、我々は突っ込みようがなくなりますね」。これは何人かの記者が漏らした感想である。記者の心理をくみ取った答え方だから、当然かもしれない。

記者会見では「見識」と「認識」が問われる。この言葉は、記者からだけではなく、これまでも多くの自治体の幹部の方々からの所感だが、多分、実体験からの感想なのだろう。

5 メッセージ性の強い言葉で語れ

記者は取材に当たって、常に取材先の相手の言葉の中に「見出しになるようなキーワード」を探している。これは、これまでの長い間、親しくしてきたベテラン記者や編集長からしばしば聞かされた話である。「見出しになるようなキーワード」が出てこない、あるいは引き出せないと、記者はいらいらしてくる。

逆に、冒頭にそれが得られた場合は、あとは記事を書くのに苦労をしないそうである。「国境の長いトンネルを抜けると雪国であった」という川端康成の『雪国』の冒頭の書き出しの一文に近いのかもしれない。
「言語明瞭、意味不明」という代名詞をもらった総理大臣がいたが、これも「見出し言葉」が見つからない話し方に対する記者の〝恨み節〟を込めた〝あだ名〟である。「口にした言葉」。記者はこれを求めており、特に記者会見ではその要求が深くなる。したがって、記者会見の場合は、そのような記者側の心理を利用して「見出し言葉」になるようなキーワードを意識して使うよう心がけなければならない。

例えば、住民の命にかかわるような危機が発生したとしよう。役所も消防も警察も必死になって危機の回避のために努力しているが、このような危機は経験したことがない。そのため、あれこれと手をつくしているが、まだこれといった解決策は見つかっていない。記者からは「どうなっているのか」「一体、何をやっているのか」「まだ対策のメドは立っていないのか」など、次から次と質問が飛んでくる。消防、警察、行政とも、懸命に取り組んでいるのだが、記者には現場の様子が見えないため、いらだちが出てきたのである。

このようなケースの記者会見では、よく見られるように「一生懸命に取り組んでいます」だけでは納得感を与えるには弱すぎる。いかにこの作業が困難を極めているか、いかに全力を挙げているかについて、記者に納得を与える、次のようなメッセージ力のある言葉で説明しなければならない。
「この問題を解決する方法は何かないか、今、懸命に模索しているところです」。この言葉は、瞬時に記者に対してあるメッセージが伝わる。「プロの仕事をしている消防や警察の職員たちですら、対応策が見つからず、模索しているのか……」「自分たちが考えている以上に、よほど難しい状況なのかもしれない……」。

解決する方法は何かないか、懸命に模索している、この2つの言葉がキーワードである。このような表現で説明することによって、記者の理解が得られ、批判のトーンが軽減するのである。メッセージ力のある言葉とは、いい直せば「共感を呼ぶ言葉」ということができる。

もうひとつ、汎用性の高い「共感を呼ぶ言葉」として、「いろいろと検討しましたが、結果的にこの苦渋の決断（あるいは選択）をせざるを得ませんでした」という説明がある。

これは、A案、B案、C案、あるいはD案といろいろな点から検討を重ねてきたが、いずれの案も〝帯に短し、たすきに長し〟で、結果的に時間の問題、費用の問題、技術力の問題、住民の皆さんの利便性の問題などの点から検討した結果、E案にせざるを得なかった。100点満点でいえば、55点くらいかもしれないが、これが役所としての苦渋の決断だった、と経緯に重点を置いた説明である。

この「苦渋の決断」「苦渋の選択」という言葉は、実際、新聞の見出し言葉としてよく使われる言葉で、ある研修会で実際にその事例を多数、紹介したら、たまたま取材に来ていたマスコミの支局長が「そういわれれば、確かに我々はその見出しをよく使います。『苦渋の決断（選択）』というわずか5文字で、賛否両論ある混とんとした状況を、これほど明快に伝える言葉はありませんから」ということだった。

つまり、この「苦渋の決断（選択）」という言葉は、瞬時に記者に「いい加減に検討したのではない。A案からE案まで、検討すべきことをすべて行った結果の答えなのだ」というメッセージが記者に伝わるのである。実は、マスコミが「見出し言葉」として昔からよく使用してきたこの言葉を〝逆輸入〟して、行政側の説明に利用することにしたのだが、記者の「共感」が得られる点では、双方にとって変わらないのである。

懸命に取り組んでいる行政側の姿勢を記者に伝える「メッセージ力の強い言葉」として、適切な場面で大いに活用してほしい。

6　挑発的質問には「ブリッジ話法」で応答する

記者会見で最も悩まされるのが、記者から出される「挑発質問」であり「意地悪質問」である。これらの質問は、「その指示が間違っていたから、このような結果を招いたのではないのか」とか、「なぜ、そのときに、直ちに公表をしなかったのか。判断ミスではないのか」などと、役所側の対応について批判的な質問で挑発して、こちらの認識や見識の欠如を追及してくる質問を指す。

ある一面、痛いところを指摘しているため、つい、言い訳や弁解じみた応答をすると、さらに「弁解しているのか」とか「責任を感じていないのでは?」などと、問いただしてくる。この種の質問は特にベテラン記者に多く、追及するポイントも「言われれば、もっともかも……」という内容が多いため、応答には苦慮することが多い。このような質問に対しては、それなりに工夫した応答が必要になる。ストレートに応答してもすんなりと記者が分かってくれるはずがないからである。

これから説明するのは、私が「ブリッジ話法」と呼んでいる応答の仕方である。「ブリッジ」はもちろん「橋」のこと。橋は「土手」と「土手」の間にかかっている。つまり、こちら側の土手にいる記者が質問をしてきたときには、記者と同じこちら側の土手に立って答えるのではなく、向こう岸に橋をかけて、向こう岸の土手に立って答える比喩である。一度、間に橋というクッションを設けて、それから答えるわけである。

例えば、「そのとき、なぜすぐに記者会見をして情報開示と注意喚起を呼びかけなかったのか。判断を間違えたのではないのか」という質問が出た。確かに、その時点で記者会見はしていなかったが、言い訳をせずに次のように答えるのである。

「そのご批判はよく分かりますが、あの時点で最優先の課題は(記者会見もさることながら)、まずは当該市民に対して事実関係を確認することでした」。

あるいは「そのご指摘は当然かと思いますが、あの状況で我々が最重視したのはプライバシーの保護でした」。

あるいは「そのご質問はごもっともだと思いますが、あのとき、最も配慮しなければならなかったのは風評被害の防止でした」。

お気づきのように、これは「Yes, but話法」である。記者の質問には一切反論せず、「そのご批判はよく分かります」「そのご指摘は当然かと思います」「そのご質問はごもっともだと思います」というように、記者の質問を否定しないで、いったん、受け入れる応答をする。そのあとに「ただし、あの時点で最優先だったのは……」「あの状況で最重視したことは……」「あのとき、最も配慮したことは……」と、こちら側の立場を説明していく。

人間誰しも、自分の言い分に反論されると、よけい突っ込みたくなる。「ブリッジ話法」はまず相手の言い分を容認したあと、おもむろにこちら側の見解を説明していく話法である。ここで注目したいのは、記者の言い分を「その批判」「その指摘」「その質問」と使い分けている点である。記者からの質問は、総じてこの3つのジャンルに分類できるので、それを状況に応じて使い分けるのである。同様に理由についても「最優先したこと」「最重視したこと」「最も配慮したこと」と、使い分けている。

記者の反感を招かず、記者と議論せず、そして、こちら側の対応に理解を持っていくための話法だが、これについても、知り合いの記者たちから「確かにこう答えられたら反論しにくいね」ということだった。記者自身が、一番よく知っているわけである。

さらに、この話法に最も関心を示したのは、実は首長であった。「議会答弁の際に役立つ」というのがその理由であった。野党議員からの厳しい質問に対して、議員の意見を立てながら、対立せず、行政としての認識を伝え、理解を求めることに苦慮している首長ならではの感想だといえよう。なお、この「ブリッジ話法」は、住民説明会などの場合にも活用できるので、心得ておいてほしい。

7 好意的な質問は見逃すな

記者からの質問がすべて「挑発的」だったり「意地悪」質問とは限らない。ごくわずかだが、行政側の立場や努力に理解を示し、忖度した質問をする記者もいるものである。

ところが、そのような行政側への〝貴重なエールの質問〟を活用することなく、ありきたりの応答で済ましてしまうことがある。それは非常にもったいない話で、そういう質問が出たときは、むしろ、その質問を行政側のアピールに逆利用することである。

「その施策を進めていくためには、首長の強い意志を住民に示し、理解と協力を得る必要があると思いますが、その点は、どう考えていますか」「住民の年齢構成から見て、新しくスタートするこのサービス制度はもっとスピードアップして取り組むべきではないでしょうか」。

このような質問をする記者は、行政がこれから着手しようとしている制度やサービスに対して批判的ではないことが分かる。そのようなときこそ、応答の心理的効果を生かさなければならない。「ご指摘のとおり、その点が我々行政としても急務の課題だと思っております」「おっしゃるとおり、その課題は我々も最大の関心を持って取り組まなければならないと思っております」。質問内容によっては「ご指摘のとおり、我々としてもその点が一番残念で、反省しているところです」。

このように、相手の質問に「同意」を示すことで、瞬時にある心理的効果が生じる。それは、この質問と応答を聞いているほかの多くの記者たちに、「そうか、その点が行政として急務の課題なんだな」「なるほど、行政の関心事はその点なのか」ということを気づかせてくれるからである。行政側にとっても、期せずして行政側がアピールしたいことを引き出してもらったことになる。

ところが、行政側から先にこのような説明をしても、記者の関心を惹く効果はない。他社の記者の質問によって新たな情報が聞き出せたのである。しかも、そのほか大勢の記者が同時に同じことに気づくわけである。

「こちらがいいたいことよりも、相手が聞きたがっていることを話せ」。

これは広報の心理を指摘した有名な〝格言〟だが、このケースがまさにそれである。行政側から先に説明しても、それは記者が聞きたがっている情報ではないかもしれない。しかし、ほかの記者が聞いたことに対して答えたことは、記者が知りたがっている情報であるからだ。

このような記者心理を知りつくしているトップは、記者がある質問をしたときをとらえ、「よく、それを聞いてくれた。ありがとう。私もそれをいいたかったのだ」とばかり、「そうなんですよ。その点が我々も一番気をつけていることなのです」と、声を一段と張り上げて説明する術を心得ていることが多い。記者のちょっとした質問でもこのように逆転活用し、生かすことも必要なのだ。

8 記者会見の是非と個人情報

危機発生時は〝ちょっとしたこと〟で迷いや不安や苦労が付きまとうことがある。不祥事は役所側の管理監督の不行き届きや職員の公務員倫理観やコンプライアンス意識の欠落から起きるわけだから、記者会見で謝罪と処分と再発防止策を説明するのはそれほど迷うことはない。

しかし、行政が管理する施設や場所で、もし、人身事故が起きた場合は記者会見を行うかどうか、判断に迷うこともある。その判断基準はあるのだろうか？　人身事故が起きた場合は、官民を問わず、緊急記者会見は避けられない。これが基本的認識であり判断基準である。

ただし、この場合でも、事案によっては対応に違いが出てくる。もし、役所側にその原因があった場合、例えば「保守・点検で見逃しがあった」「管理・監督のチェックが不十分だった」「不具合を知りながら放置していた」場合は、因果関係は明らかだから記者会見は不可避である。

しかし、同じ人身事故でも、役所側に原因が認められない場合、例えば「使用した住民側の不注意だった」「ルール違反の使い方だった」「悪質ないたずら（犯罪）による事故だった」などの場合は、変わってくる。

この場合は「このような事故が起きた」というプレスリリースで済むだろう。もし、記者から問い合わせが来たなら、担当課で補足説明すれば済む。責任を追及されるような内容ではないからだ。ただし、「死亡」とか「重篤な後遺症」などの場合は、プレスリリースでは済まなくなる。記者の取材視点が「このような重大な事故が起きたのは、もしかしたら、行政側に何か問題があったのでは？」という疑惑を抱くからである。このため、「プレスリリースでは不十分だ。記者会見で詳しく説明をして、質問に答えてくれ」と幹事会社が要求してくる可能性が出てくる。

このような場合は、記者クラブから要求される前に、けがをした住民に対する行政側の「誠意」と「配慮」を示す意味で、記者会見をするのが望ましい。要は「隠ぺい疑惑」を与えないことが「判断の分かれ目」になる。

また、役所がかかわる業務や施設で何らかの被害者が出た場合、記者から被害者情報を求めるのもよくあるシーンである。個人情報を求められた場合、どこまで出していいものか、あるいは出してはならないものか、迷うことがある。

記者がなぜ、被害者の個人情報を聞きたがるのかといえば、何らかの圧力や忖度で（地元有力者とか有名人とか）、「何か隠ぺいしようとしているからではないのか？」という疑問を持っているからである。記者自身がそういうケースを経験していた場合は、なおさらである。

そういう記者の背景を知った上で、「公表できない場合」は、その「理由」をはっきり伝えることである。一番適切な答え方は「相手の方から個人情報（プライバシーにかかわる情報）は話さないでほしい、というご要望がありましたので、その件については差し控えさせていただきます」と答えることで、記者の理解は得られることだろう。

トラブルが起きやすいのは、「性別」や「年齢」を聞かれたときの答え方である。「性別」や「年齢」はほとんどの場合、プライバシー情報には該当しない。「個人情報」とは、その情報によって、「その個人が特定される」情報である。「性別」や「年齢」だけではそれは不可能である。

ところが、役所では担当部署の「プライバシーにかかわる」という判断から、「性別」や「年齢」をいわないために、記者クラブとの間でもめることが起きてしまう。縦割り組織の弊害がここにも出てくる。「性別」や「年齢」は、プライバシー情報にも個人情報にも当たらないことを、庁内で統一見解を持つ必要がある。この問題は、多くの自治体で起きており、報道・広報担当者が悩む共通問題になっている。

9　記者会見は1回で終了とは限らない

ところで、記者会見は1回実施すればそれで終了なのだろうか。記者会見の目的は「謝罪」「情報開示」「今後の対応」の３つにあることは前述した。逆に、その目的が達成できていないことが分かったら、記者会見は1回にとどまらず複数回、開催する必要があることを知っておかねばならない。

根が深い不祥事、事実関係がなかなか把握できない不祥事、被害が拡大する災害──、こうしたケースでは、新しい事実が判明次第、あるいは、記者から新事実の質問が殺到してきた場合、上記の３つの目的のために、複数回の記者会見をする必要が出てくる。

その典型的な事例は、日本人の作業員が現地テロの襲撃にあって10人の死亡者が出るという国際的な事件が起きたN社のケースである。そのとき、この会社は事件発生後9日間で合計27回の記者会見を行った。海外での事件のため、時差の問題もあり、情報も混乱していたために、記者からの質問は、文字どおり昼夜を問わなかったと思われる。

こうした混乱の中で、この会社のＩＲ・広報部長は、記者の質問に応じて「今、分かっていること」についてその都度、ホテルに泊まり込みでマスコミ対応と記者会見に応じた。

10人の人命が失われた大事件でありながら、実は社長は最後の27回目の記者会見で初めて登場、それまでの26回はすべてＩＲ・広報部長が担当した異例の記者会見であった。このため、記者からは「社長がなぜ出てこないのか」「社長を出せ」などの要請が噴出したらしいが、ネットではマスコミの取材姿勢を批判する声が多い反面、ＩＲ・広報部長を支援する声がもっと多かったという。

この部長の誠実で迅速な対応がやがて記者に理解され、「社長を出せ」の声も出なくなった。誠実な記者会見を重ねた結果、「批判の記者会見」から「理解の記者会見」に転じることができた好例である。

記者にとっては、不祥事が起きた場合、それが役所であろうと、学校であろうと、病院であろうと、民間であろうと、取材の視点や取材方法が変わるわけではない。「あれは民間だから、うちとは違う」という考えは、記者には通用しない。むしろ、役所だからこそ、民間企業以上に、納税者に対して「説明責任」がある。

危機発生時に、記者会見の回数を重ねることは確実にプラスの効果がある。それはまず「情報開示の姿勢」が伝わること、逆にいえば、事実関係を隠していないことが伝わることでもある。ある不祥事が起きたらしいにもかかわらず、記者会見をしなかった場合、記者は必ず「何か画策しているのでは？」という疑念の目で見る。「疑惑を持たれないこと」、これが不祥事発生時の基本方針であるから、早々に記者会見を開くことがその課題解決にプラスになることはすぐ分かるはずである。

特に事故や災害発生時は、情報の有無にかかわらず「定時の記者会見」を開くことが重要である。

事故や災害が起きているのに行政からの情報がないと、記者がよくいう言葉だが、「飢えた狼になる」ため、イライラ感が増大する。さらに、情報が出ないと、その問題に日頃から批判的な意見を持つ相手からコメントをとり、報道することがあるから要注意である。

「この件については日頃から行政に危険であると指摘してきたのですが、動いてくれなかった。やっぱり起きるべくして起きてしまった」。このようなコメントが先に報道されたとしたら、行政のそのあとの対応に批判が寄せられることになってしまう。

「風評は、その問題に対する社会の関心の高さ×発信される情報の曖昧さに比例する」。これが「風評」に関する法則の定義だ。行政からの情報が出ないと風評が拡大するということを指している。記者会見による情報発信を意図しなければならない。

第2の効果は、記者会見を重ねるごとに記者との間にコミュニケーションが生まれてくることである。前述のN社の場合も、最初は険悪だった記者から「昨夜も泊まり込みだったのですか」といったねぎらいの言葉が出た。ＩＲ・広報部長のワイシャツは毎日、着替えをしていたが、ネクタイが前日と同じであることに気づいた記者からの質問だった。このような質問が出ること自体、対立感情が解消されつつある何よりの証拠である。「意地悪質問」と比較するまでもないだろう。

第3の効用は、ある一定期間、記者と緊張した関係を持って対峙し、やがてそれが落着したときに、記者との間に〝ともに過ごした〟という共感が生まれ、その後非常にいい関係を保つことができることである。「禍《わざわい》を転じて福と為す」効果が出てくる。一過性の関係ではこの効果は期待できない。記者会見は、逃げず、嫌がらず、こまめに実施することを心がけること。報道・広報担当者自身にとってもこれはそのあとに貴重な経験となるはずである。

まとめ

《記者会見での留意事項》

・座ったまま、お詫びの頭を下げないこと。必ず立礼でお詫びすること。
・資料に目を落としたまま「読み上げない」こと（せめて、句読点のところで目線を記者に向けること）。
・望ましいのは、自分の言葉で話すこと。
・「想定問答集」を質問のたびに、めくったりしないこと。
・予想外の質問に「絶句」しないこと。
・陪席者と耳打ちや打ち合わせなどをしないこと。
・メガネを拭く。筆記具をいじる。指先を組むなどしないこと。
・「映像範囲」にある「ポスター」「スローガン」など壁から外すこと。

《発表者の留意事項》

（司会）

・最初に、会見時間の目途（少なくとも50分以上）を伝えること。

・出席者の紹介を行うこと。

・記者からの質問を受ける際に「社名とお名前を名乗ってください」といわないこと。

・予定の時間になったからといって、唐突に終わらせないこと。

終了1～2分前になったら、「そろそろ予定の時間が近づきましたので……」と予告し、「あと2～3問お受けして終わりにしたいと思います。どうぞ……」と最後の質問を受けること。

・終了したら、出席者は直ちに退場し、司会者は残って、記者からの追加質問を受け止めること。

（発表者）

・予定時間より早く会見場に入室しないこと。

・入室時の順序と着席の位置を知ること（地位の高い人の順に入室すること）。

・「ありがとうございます」を口にしないこと。

（×）「お忙しいところ、ご出席いただきまして、ありがとうございました」

（○）「お忙しいところ、ご出席いただき、誠に申し訳ありませんでした」

・「お詫び」は冒頭に述べること。

・冒頭のトップの説明（概要説明）は2分程度で終えること。

・質問した記者に目線を向け、「傾聴の姿勢」を示すこと。
・質問の内容次第では、両側に着座している陪席者に振ること。
・両手は、卓上に〝浅く〟のせておくこと。

第Ⅵ章　危機発生時の広報とマニュアル

～危機管理広報と広報マニュアルの基本知識～

組織の危機とは「マスコミに察知されたときから始まる」とも、いうことができる。マスコミから問い合わせが入ってこないうちは、内部の問題として、まだ相手側と1対1の個別で話し合いができる。危機感もそれほど高くないものである。ところが、マスコミから取材が入った瞬間から「危機」に変貌する。1対1ではなく、一気に1対マス（社会）の関係になり、問題が表面化し、拡大してしまう恐れがあるからである。

「危機管理広報」は、危機が起きてしまったとき、「そのとき、どう対応するか」という点に絞った広報を指す言葉である。記者会見は「危機管理広報」の終局の場でもある。

ここでは、危機発生時の初期マスコミ対応を中心に、具体的な対応のノウハウを説明する。

1　情報共有の仕組みと公表の仕組みづくり

危機の芽は必ずどこかに現れる。その芽を組織で共有して、組織として判断することが重要であることは、ＪＲ西日本で起きた「のぞみ34号」の台車の亀裂事故で前述した。

この事故から1か月もしない２０１８年1月、またも「情報の共有化」が欠落していた大問題が起きた。国立大学である大阪大学は、２０１８年1月6日に記者会見し、２０１７年2月に実施した工学部や理学部など6学部の一般入試で、物理の出題と採点にミスがあり、本来なら合格していた30人が不合格になっていたことを公表した。国立大学の入試ミスとしては異例の規模だという。

２０１７年6月と8月に正解は複数あるのではという指摘と疑問が出されていたにもかかわらず、問題なしとしていた。ところが、２０１７年12月4日、詳細な指摘をした3回目の指摘が外部からあったことから、初めて大学側は4人のほかの教授を加えて検討した結果、誤りが判明したのであった。原因は問題作成責任者である教授らが自分たちが正しいという〝思い込み〟だったという（読売新聞、２０１８年1月7日より）。

この大失態の教訓は3つある。第1は、3回目の指摘を受けて初めて真剣になって検討するという「危機管理意識」の欠落。危機管理意識とは「ちょっと変だな……?」「本当に大丈夫かな……?」と疑問に思う意識であることは、これまで説明してきたとおりである。3回目の指摘で「ちょっと変だな……?」と感じたということを見ただけでも、この大学の教職員には危機管理意識が欠落していた。

第2は、最初の指摘が２０１７年6月10日であったが、この事実を公表したのは入試からほぼ1

年近くたってからであったこと。副学長は「受験生の人生を狂わせた」と記者会見で謝罪したが、「速やかな公表」は危機発生時の基本動作である。初期判断を間違えると、結局「公表の遅れ」を来すのは当然である。もし、２０１７年６月の最初の指摘があった時点で直ちに取り組んでいれば、公表も早くでき、受験生は９月入学も可能だったかもしれず、与えるダメージも最小限に抑えられたことだろう。

第３は、情報の共有化の欠落である。２０１７年の６月と８月に指摘されたとき、問題作成責任者と副責任者の教授２人だけで検討していて問題なしと判断、10人以上の問題作成チームの教員にも学内でも情報共有すらされていなかった（読売新聞、同）。

文部科学省の大学入試室長は「もっと早く大学として組織的に対応すべきだった」と指摘しているように、情報を共有し、問題作成チームが組織としてチェックしていれば避けられたミスである。ＪＲ西日本の場合と同様、責任者２人だけの〝勝手判断〟がもたらしたミスである。

この大学入試不祥事は、こうした〝勝手判断〟や〝独断〟を避けるために大事なのが、「情報の共有化」であることを、改めて指摘してくれたといえよう。その重要性が分からないと「情報共有化」の仕組みづくりはできないし、つくったとしても役立たない。

そのための条件として絶対に欠かすことができない、しかも最優先するのが「組織全体の危機管理意識の啓発」である。再度指摘するが、組織の一人ひとりに「ちょっと変だな……？」「本当に大丈夫かな……?」という危機管理意識が浸透していないと、「緊急対策本部」とか「危機管理委員会」を立ち上げたとしても機能しない。最初に危機の兆候に接した本人に危機管理意識があることが不可欠なのだ。

その上で、最初に危機の兆候を察知したら、上司を通じて、危機管理委員会、又は緊急対策本部に直ちに「第一報」を入れる。この際、大切なのは「5W1H」にこだわらず、「一何《いっか》の原則」で第一報をすることである。

この初動動作が重要であり、この意識付けを組織内に周知徹底させることである。こうした基本的な意味合いを理解していないと、自己保身が働き、「第一報」が「情報ブロック」されて、情報が途中でストップしてしまう。

次は、不祥事発生時の公表の仕組みづくりである。不祥事発生時の危機管理の仕組みは、「第一報」から始まり、最終的に「公表」までの一連の流れだと思えば分かりやすい。危機管理の体制を構築しても、最後の仕上げともいえる公表のタイミングを逸したのでは画竜点睛を欠くことになる。「もっと早い段階で公表しておけば、このような被害の拡大は予防できた」。これが「速やかな公表」が求められる理由である。公表が遅れる最大原因は「5W1H」にこだわることであることは前述した。目線を「マスコミ」と「納税者」に置いて判断することとしかない。自治体の論理で公表時期を検討しても決して好ましい結果にはならない事例を、これまでにもいろいろ指摘してきた。

「５Ｗ１Ｈ」にこだわらず、今、分かっている事実を速やかに公表すること。それが被害やダメージの拡大を防止し、マスコミの批判報道を招かない唯一の方法である。

２　危機管理マニュアルのつくり方

昨今、広報マニュアルはどの自治体でも準備されている。ほかの自治体のマニュアルを参考にできるので、あとから作成するマニュアルほど、内容も非常に分かりやすく、また、イラストを使うなど、親しみやすい工夫をしている。

しかし、前述した大阪大学の場合、「出題ミスでは……？」という外部からの指摘があった場合、「どう対応するか」を定めたマニュアルはなかった。このように、「広報マニュアル」はどの組織でも１００％準備されているが、「危機管理マニュアル」は、必ずしもそうではない。どんな組織にとっても、危機が発生する頻度が極めて少ないからである。

危機は突然発生する。それも経験したことのない危機のことが多い。したがって、平常時から万一に備えて危機管理マニュアルをつくっておく必要がある。ところが「広報マニュアル」と違って、「危機管理マニュアル」はどこの組織でも〝非公開〟が多く、このため、新たに作成しようとしても参考にする見本がない。

これまで、官民からの依頼で50以上の「危機管理マニュアル」を作成してきた経験から、危機管理マニュアルの作成のポイントを挙げてみる。

危機管理マニュアルは、広報マニュアルとは基本的に異なる点がいくつかあることを知っておかなければならない。

第1は広報マニュアルは主として報道・広報担当部署で作成し、それを各部署の管理職に配布し、情報の流れを集中管理できるようにしているのが一般的だ。一方、危機管理マニュアルは、職員一人ひとりの危機管理意識の啓発を主たる目的にしている。理由は、危機の90％は「現場で起きる」こと、危機の芽を察知したら直ちに「一何《いっか》の原則」で、上司に「第一報」することが初動動作として欠かせないからである。

第2は、広報マニュアルの場合、あらゆるケースに共通した手順と対応を解説する普遍性のあるマニュアルであるのに対して、危機管理マニュアルは個別事案ごとに手順と対応が異なり、普遍性がない点である。

分かりやすくいえば、「職員の着服不祥事」の場合と、「施設で事故が発生し複数の住民がけが」をした場合では、対応の仕方がまるで異なる。「感染症に感染した住民がいることが判明した」場合と、「住民の個人情報が流出していたことが判明した」でも対応手順は異なる。

このようにケースによって危機の内容がまるで異なるから、マニュアルの内容も「このケースの場合、何が最優先か、どんなことに注意しなければならないか―」、といったことが中心になる。マスコミ対応の部分は広報マニュアルに準じてもかまわない。

第3は、マニュアルの主眼が、現場の職員一人ひとりの意識啓発であることから、危機管理マニュアルを〝教材〟にして、職員研修で活用する点である。マニュアルは、作成して配布することで終わり、ではないのである。

こうした前提の下で、危機管理マニュアルの作成上のポイントは次のようになる。

構成は3部制にする。第1部は、新人職員でも、パート職員でも、派遣社員でも「なるほどね」と理解でき、納得のいく「危機管理の基本知識と心得」の説明である。この内容は本書の前半に書いたようなことを簡潔に整理すればいいだろう。

第2部は、危機管理マニュアルの本題である「ケース別の対応マニュアル」である。

経験済みの危機や、起きるかもしれない危機、想定もしない危機など、ジャンルは広い。そうした危機の中から、組織として共有しておいた方がよいと思われる危機事案を、10ケースほど選び出し、「初期動作」「対応のポイント」「注意すべき留意事項」「マスコミ対応」などの項目に分けて解説する。この内容はこの著書の「こんなとき、どう対応する？」のケース別対応が参考になるはずである。ここで記載してある「対応のポイント」は、視点を役所の立場よりも、マスコミの視点、納税者の目線に置いているところがカギである。

なお、編集上のレイアウトも、1ケース見開き2ページを基本パターンにする。くどくど書き込んでも、読んでくれない。「読まれるマニュアル」を意識することである。

第3部は、記者からの想定質問項目の列記である。白紙から「想定質問」を考えるには時間と経験が必要だが、次のような〝ひな形〟があれば、ケースに応じて短時間で「想定質問」が作成でき、直ちに「応答」に取り組むことができる。

想定質問の作成上のポイントは「なぜ？」である。

①初動対応についての質問

・いつ、気がついたのか？
・一番最初に気がついたのは（情報を得たのは）誰か？
・そのとき、真っ先にとった行動はどんなことだったのか？
・上司（首長）には、いつ、誰から連絡したのか？
・上司から（首長）には、そのとき、どのような指示があったのか？

②公表についての質問

・なぜ、公表がこんなに遅れたのか？
・隠ぺいしようとしたのではないのか？

・公表の遅れが、被害拡大（二次被害）を招いたのではないのか？

③原因についての質問

・兆候を見逃（軽視）していたのではないのか？

・長い間、なぜ、誰も気づかなかったのか？

・チェック体制（保守点検）が形骸化していたのではないのか？

・全庁的に総点検すべきではないのか？（総点検したのか？）

④同様事案についての質問

・同様事案が、まだ、ほかにもあるのではないのか？

・過去にも、同様事案があったのではないのか？

・過去の同様事案について、調査をしたのか？

⑤マニュアルについての質問

・この事案に対する対応マニュアルはあったのか？

・そのマニュアルを職員に周知徹底していたのか？

・マニュアルが不備だったから、事態の悪化を招いたのではないのか？

・マニュアルがあるなら、見せてほしい。

⑥被害者対応についての質問

・被害者には、お詫び（事情説明、お見舞い）に行ったのか?
・いつ、誰が行ったのか?
・補償はどのように考えているのか?
・被害者は役所の対応に納得したのか?

⑦再発防止策についての質問
・再発防止策をどのように考えているのか?
・同様事案が明日にでも起きるかもしれない。早急に作成すべきでは?

⑧責任問題についての質問
・管理職として責任をどう考えているのか?
・当該職員の処分をどう考えているか?
・当該職員を告訴しないのか?

3　マスコミ対応のスキルアップの訓練―メディアトレーニング

危機管理広報の最終局面は記者会見であることはすでに述べた。このため、最近は各自治体の研修カリキュラムに「メディアトレーニング」が積極的に採用されるようになった。座学ではなく、模擬とはいえ、演習を通して実際に体験を通してメディア対応力のスキルアップを習得する方法である。

これは首長が非常に強い意志と関心を持っていることを反映している。ある首長は「首長が説明しなければならないことは自分がきちんと説明する。しかし、事案によっては、部長、課長が記者会見で説明しなければならない場合もある。そのときに、記者にきちんと理解され、納得を与えるような説明をしなければ行政への不信感や批判が生まれる。したがって、メディアトレーニングによって、その対応スキルとノウハウを習得するように」という指示を出した。この自治体では、毎年、新任課長研修の目玉研修として、模擬緊急記者会見の研修を実施している。このような自治体が続出する時代になった。

不祥事発生時のマスコミ対応のスキルアップには、確かに模擬緊急記者会見が最も実践的であり、効果も高い。「研修を受けた場合と、受けない場合で、これほど差が出るとは思わなかった」という感想を聞くことが多い。

模擬緊急記者会見の研修方法は次のようなやり方が一般的である。自治体の危機は大きく分けて「不祥事編」「事故編」「災害編」の3種類があるが、このジャンルの中から例えば、「不祥事」を選び、その具体的な状況設定を作成する。

この場合、応答する管理職の「見識」や「認識」が追求できるような深みのある状況設定にするのが重要なカギになる。この状況設定に基づいて、研修を受ける管理職が5～6人でグループを編成し、このグループで、60分の制限時間内で、3つの課題に取り組んでもらう。3つとは、①記者会見の冒頭で概略を説明する「ステートメントの作成」、②記者から出ると思われる「想定質問」と「その応答」（Q＆A）の作成、③グループ内で誰がどの役職で記者会見に臨むか、役割分担の決定である。

ただし、時間を有効活用するためと、管理者の方々に当事者意識を持って取り組んでもらうために、事前課題として、このテーマと検討課題を配布し、各自で研修当日までに検討の上、参加してもらう方法もある。

こうした準備作業のあと、模擬緊急記者会見をスタートするが、会見に臨むグループ以外の参加者は記者役となって、質問を浴びせるのである。この質問は研修講師がすでに作成してある質問で、もちろん、会見出席者はどんな質問が出るかは知らされていない。まさに、ぶっつけ本番の質疑応答となる。この時間が約25分間。簡単な質問はやめて追及する質問に絞っているので、この時間内で収まるようにしている。

さらに、この記者会見の一部始終をＶＴＲで記録して、会見終了と同時にＶＴＲを再現する。講師は応答の内容に応じてポイント、ポイントでＶＴＲをストップしながら、講評とアドバイスをしていく。

講評は「何を話すか（Ｗｈａｔ）」より、「どう話すか（Ｈｏｗ）」に焦点を置く。理由は「Fact is fact」、事実関係は誰が話しても内容は変わらないから、講評の対象にしない。大事なのは「それをどう説明したか」であり、その説明の仕方や言葉で記者に「納得感を与えられるか？」に重点を置いて講評するのである。

この時間が約50分。これが終了したあと、講師への質疑応答を行う。同じ仲間の課長であり、顔見知りも多いはずだが、それでも緊張感が強く、思っていることが十分口にできなかった、という人が多い。

記者会見に登壇するチームと記者役のチームとに分かれるが、登壇チームが緊張しているのに対して、記者役のチームは案外冷静に観察できるので、双方にそれなりにメリットはあるといえる。「事故編」「災害編」でも、それぞれ同様の方法でメディアトレーニングを行うのである。

実際に、いろいろな自治体で実施している「不祥事の状況設定テーマ」と「ステートメント例」及び「記者からの想定質問」と「モデル応答例」のひとつを次に紹介する。

「模擬緊急記者会見」テーマ（不祥事編）

生活保護費の返還金を担当職員が2年間にわたって着服していた……

生活保護を担当する生活福祉課の50代の男性職員Aが、生活保護受給者からの返還金を着服していたことが判明した。生活保護費の支給額は、国の定める最低生活費から本人の給与や年金収入などを除いた金額となるが、収入申告がなく、過払い状態のまま保護費が支給されていたことが判明した場合には、遡って支給した保護費の返還を求めることになる。

この職員は、自分の担当である生活保護受給者数人から、毎月こうした返還金を現金で受領していたが、収入の手続きをせずにこれを着服。生活保護受給者本人には、その都度、偽造した領収書を渡していた。中には、高額の返還金を要求され、最低生活費の約4分の1の水準で生活を強いられていたケースもあった。このような高額な返還金を要求されていた生活保護受給者のひとりであるBさんが、過度な節約のため水分を十分とらなかったため、自宅で脱水症状を引き起こして転倒していたところを隣人が発見、119番通報によって救急搬送された。この経緯の中でBさんが病院職員に事情を話したことから、病院側から県に通報。担当課で初めて事態を知ったのであった。なお、Bさんは2日間で回復したが、自宅で転倒した際に頭を打っており、医師からは「脳に後遺症が残る」という報告があった。

事態の発覚後、直ちに課長は課長補佐に、この職員Aが担当する生活保護受給者全員の聞き取り調査を指示、併せて生活保護受給者全員に対して書類チェックした。その結果、Aが5人の生活保護受給者から、この2年間で総額約100万円を返還金として受領し、着服していたことが確認できた。課長と課長補佐からの事実確認に対してAは着服の事実を素直に認めたが、着服した金は遊興費に使い、残金はないことも分かった。

生活保護受給者の立場からすれば、担当職員Aの言い分に疑問を抱いたとしても、何となく逆らいにくい状況にあったらしく、担当課への相談もしなかったのではと思われる。

なお、Aは日頃から無断欠勤するなど勤務態度が悪く、以前勤務していた別の課でも、住民とトラブルを起こしていたことがあった。

事態を重く見た市は、本日午後3時から、緊急記者会見を実施することとなった。

＜会見出席者４名＞健康福祉部長・生活福祉課長・人事課長・広報課長（司会役）

課題１　記者会見用のステートメント「記者会見の冒頭の説明文」を作成して、研修日に持参してください（Ａ４用紙１枚に簡潔に）。

課題２　記者からの想定質問と回答「Q＆A」を作成し、研修日に持参してください。

（記者の立場に立って最低15問は作成してください。最重要課題です！）

課題１　記者会見用ステートメント案

報道各位

平成30年○月△日
○○市健康福祉部生活福祉課

生活保護費の返還金着服の件

◇生活福祉課の職員（男性、50代）が、２年間にわたって、生活保護受給者５人からの返還金、約100万円を着服していることが判明しました。
　この返還金は、収入申告がなく、過払い状態のまま生活保護費が支給されていたため、遡って、支給した保護費を返還させたお金です。この職員は自分が担当している生活保護受給者数人からの返還金を、収入の手続きをせず、偽造の領収書を渡して着服、遊興費に使っていました。

◇高額の返還金を要求された受給者のひとり（63歳、女性）が、過度の節約で水分をとらなかったため、脱水症状になり、救急車で病院に搬送されました。その際に、病院職員に事情を話したことから、この件が発覚したものです。
　この受給者は症状は回復したものの、脱水症状で転倒した際に頭を打ったため、後遺症が残ると診断されました。

◇生活保護受給者という立場の複数の市民から返還されたお金を着服しただけでなく、救急車で搬送されるほどの高額返還をさせていた行為は断じて許されることではありません。
　ここに、後遺症を残した市民の方をはじめ、５人の当該市民の皆さまには、心からお詫び申し上げます。
　市として直ちに、再発防止策に着手、実行するとともに、当該の市民の方々に対しては、今後、誠意ある対応をとらせていただく所存であります。

以上

＜この件に関するお問い合わせ先＞
○○市健康福祉部生活福祉課　　担当　○○○○
電話：１２３－４５６－７８９０

課題2（回答編）記者からの想定質問と回答「Q＆A」（モデル例）

Q1（生活福祉課長に）課長はなぜ、この職員の不正行為に2年間も気がつかなかったのか？

A1 応答のポイント：ここはお詫びするしかない。

「公務員として、こともあろうに返還金を着服するなどとは夢にも思いませんでした。誠に申し訳なく、お詫びしようもありません」。

Q2（同）2年間もこの不正に気づかなかったということは納得できない。一体、生活福祉課では、返還金についてどのようなチェック管理システムになっていたのか？

A2 応答のポイント：生活福祉課としての手順、ルールを説明する。

Q3（同）当市では現在、生活保護受給者は何人いて、それを担当する職員は何人いるのか？

A3 応答のポイント：プライバシー情報ではないから、ありのままに答える。

「生活保護受給者数は○○人で、担当する職員数は△△人です」。

Q4（同）「過払いの支給金の返還手続き」や「収入の手続き」「領収書の発行」などの業務は、いずれも担当職員一人ひとりが行っているのか？

A4 応答のポイント：職員の担当制について説明する。

「担当の職員が、それぞれ生活保護受給者の担当制になっており、自分の業務で手いっぱいの状態です。そのため、職員一人ひとりが担当している当該市民のいろいろな手続き業務を各自で行っています。いわば「性善説」に立っておりますので、よもや、このような不正行為を続けているとは、想像もつきませんでした」。

Q5（同）今回のように「過払い金の返済を求めるケース」は、当市では年間、何件くらい発生しているのか？　過去3年間の総数でも構わないから、教えてほしい。

A5 応答のポイント：プライバシー情報には当たらないので、実態を答える。

「年間平均、○○件程度と把握しております」。

Q6（健康福祉部長に）ルールとチェック体制があったとしても、この不正行為を2年間も誰ひとり、気づかなかった、ということは、組織的チェックも管理も全く形骸化していたことではないのか？

A6 応答のポイント：ここは反論せず、認めるしかない。

「そのご指摘に対しては、全く弁解の余地もございません。すべては部長としての日頃の部下の指導が至らなかったため、と深く反省しております」。

Q7（同）健康福祉部には、この2年間の間に、当該の生活保護受給者の誰からも「おかしいのでは？」といった相談や質問が入ってこなかったのか？

A7 応答のポイント：当然の疑問。その疑問を解くような説明が大切。

「はい。全く入ってきておりませんでした。我々もその点については非常に疑問に感じております。もしかしたら、当該市民の立場からすれば、この職員Aの対応に疑問や反論を抱いたとしても、職員に気兼ねして質問できる心理状態ではなかったのでは、と思っております」。

Q8（同）2年間も、誰ひとりこの不正行為に気づかなかったということは、職員A以外にも、同様の不正行為をしていた職員がいたのではないのか？

A8 応答のポイント：「すでに調査の指示を出した」「ほかにない」と過去形で答える。

「それが私としても一番気がかりな点でしたので、事実が判明した時点で、直ちに生活福祉課に過去の資料を総点検するように指示を出しました。その結果、ほかには1件もないことが確認済みです」。

Q9（人事課長に）市民Bさんは、職員Aから高額な返還金を求められて、最低生活費の約4分の1の水準で生活を強いられていた。Aのやり方は違法ではないのか？

A9 応答のポイント：重要なポイント。「法的視点」からではなく「道義的視点」から答えるようにすること。

「Bさんに対する職員Aの対応が違法かどうかは、もっと詳しくBさんの生活状況を調べないと判断できないかもしれません。しかし、法的な問題より、道義的問題から見て、職員Aの対応はやはり行きすぎだったのでは、と認識しております」。

Q10　（生活福祉課長に）Bさん以外の4人の当該市民には、このような高額な返還金を要求されていたケースはなかったのか？

A10　応答のポイント：〝違法性〟のあるケースはなかったか、を問うている。

「確かに高額な返還金を求められた生活保護受給者の方がおられたことは事実でした。それが〝違法な高額〟であったかどうかは、現在、1件ずつ精査中です。その結果次第では差額分を返却するケースもあるのでは、と認識しております」。

Q11　（健康福祉部長に）5人の当該市民にはお詫びに行ったのか？

A11　応答のポイント：過去形で答えること。

「事実関係が判明した昨日の時点で、取り急ぎ、課長が5人の当該市民の方々にお詫びと事情説明にお伺いしました」。

Q12　（生活福祉課長に）生活福祉課では、生活保護受給者に、日頃から過払い金の返還に当たっての啓発や指導をしてこなかったのか？

A12　応答のポイント：他山の石として、研修をしてきたことを説明。

「生活保護費の返還金をめぐっては、全国の自治体でいろいろな問題が報道されていることは、我々担当部署の職員は当然知っております。それらを他山の石として、常日頃から、職員教育をしてきておりました。しかし、啓発や指導がまだまだ浸透していなかったのでは、と反省しております」。

Q13（同）生活保護受給者に対して、生活福祉課では、定期的にアンケート調査やヒアリング調査をしていなかったのか？

A13 応答のポイント：それが不正を発見できなかった原因では？　という疑問。

「定期的な調査としては、毎年1回、実態調査のために行っております。ただし、担当職員が日常業務の一環として、常時、当該市民の方とお会いして相談に乗っています」。

Q14（人事課長に）この職員は、これまでにもいろいろ問題があったと聞いているが、職員研修面で、課長としてどう思っているか？

A14 応答のポイント：公務員倫理観に問題があった点は認めざるを得ない。

「今思うと、無断欠勤や前の職場でも市民とトラブルを起こすなど、公務員としての倫理観に問題があったようです。人事課長として、もっと早く個別に指導をしておくべきだったと、反省しております」。

Q15（同）今回の不祥事は、相手の弱みに付け込んだ悪質な犯罪だといえる。この職員Aをどのような処分にするのか？　また、告訴はしないのか？

A15 応答のポイント：極めて悪質な不正行為である、処分と告訴は当然。

「無理な返還金の要求、着服、領収書の偽造など、極めて悪質な上、2年間にわたっていた点から考えて、厳しい処分は避けられないと思います。告訴については、いずれ、弁護士と相談の上、決めることになろうかと思います」。

Q16（健康福祉部長に）今回のケースは、もし、Bさんが救急搬送されるという事態が起きなかったら、表面化しなかったことになる。その意味でも、この問題は責任重大だと思うが、部長としてどのように思っているか？

A16 応答のポイント：事の重大性をどう認識しているかを問う質問。

「おっしゃるとおり、この件は、場合によっては見逃されてしまう可能性があったかもしれません。それだけに、このケースの重大さについては責任の重大性を認識しております」。

Q17（同）救急車で搬送された市民Bさんが、後遺症が残ると診断されたというが、補償をどう考えているか？

A17 応答のポイント：誠意を持って補償に当たることを伝える。

「転倒の原因が職員からの高額な返還金の要求が一因だったとすれば、当然ながら、Bさんには誠意ある対応をすることになると思います」。

Q18（生活福祉課長に）再発防止策として何か考えているか？

A18 応答のポイント：再発防止策の「定番」の答え方をする。

「いろいろ課題解決しなければならない点がありますが、少なくても、次の3つについては、直ちに着手するつもりです。

第1は、「現金での返還金の禁止」

第2は、「3か月に1回、当該市民への聞き取り調査の実施」

第3は、「担当職員のローテーションの採用」

以上、3点は来週からでも実施したいと考えています」。

Q19　（同）管理、チェックの不備から、これほど悪質な不祥事を起こした責任を、生活福祉課長としてどうとるつもりか？

A19　応答のポイント：責任を問われた場合の「定番」の答え方をする。

「このような悪質で重大な不祥事を起こした以上、しかるべき責任と処分は当然だと思っております」。

第Ⅶ章　こんなとき、どう対応する？

～危機発生時の対応力のスキルアップのためのノウハウ～

職場の危機というのは、めったに起きないものである。めったに起きない危機だから、実際に危機が起きたとき、誰しもが慌てるし、混乱する。職場に危機が発生したとき、リーダー・管理職としてどう状況認識し、どう判断し、どう指示・対応したらいいか。

危機管理は自ら起こして経験するものではないだけに、そのノウハウやスキルを習得するのは簡単ではない。そのために今、各自治体で積極的に実施しているのが、「こんなとき、どう対応する？」と題した、危機発生時のシミュレーションである。ここに挙げた危機発生の事案と状況に対して、リーダー・管理職として、どう対応するかを習得するための演習である。実際は、これらの危機発生テーマについてグループ討議をしてもらい、グループごとに検討結果を発表、そのあとに講師から「モデル対応例」について解説する方法になる。当事者意識を持って、各課題に取り組んでもらうところにポイントがあり、これらのケースを5ケースほど研修で取り組むと、いろいろな危機事案に対して即時の判断と指示能力が格段に高まる。

座学として読み込むだけでも、これまでとは違った視点や発想が得られるはずである。

テーマ① イベント会場の下り階段で来場者がつまずき、市民数名が折り重なる事故が起きた

○月×日（金）、10時から16時まで、A会館2階のイベント会場で、長寿支援課主催の高齢者対象の展示会を開催していた。13時半ごろ、会場から帰途についた高齢者が階段の降り口付近で何かにつまずいたらしく、転倒。階段を下りかけていた高齢者数名を巻き込んで、将棋倒しに下まで転がり落ちるという事故が発生した。

会場には長寿支援課の係長以下、職員が3名とパート職員2名がいたため、悲鳴を聞いて急いで階段を駆け下りて、折り重なっている住民8名を助け出した。

無防備状態での突然の事故だったため、2名の高齢者が意識朦朧として横たわった状態にあり、ほかに2名の高齢者が腰と膝の痛みでうめいている。

現場にいた係長が直ちに119番通報、救急車4台を要請し、同時に本庁の課長補佐に事故発生の第一報を連絡してきた。現場は騒然としており、職員たちは気が動転している様子である。課長補佐から報告を受けた課長として、直ちに指示を出さなければならない。なお、事故原因は不明だが、会場内外と階段付近は、前日と当日の朝に職員が下見しており、その時点では異常は確認されていなかった。

課題1　組織のリーダー・課長として、迅速に指示・対応すべき事項を、箇条書きで列記してください。

①現場に対して指示すべき事項
②役所内で対応すべき事項

課題2　14時半ごろから、早くも情報をキャッチしたマスコミから電話取材が相次いで入ってきました。この電話に、現時点で「どう応答」するのがいいでしょうか。

◇ 対応のポイント ◇

課題1　課長として迅速に指示すべき対応事項

＜現場への指示事項＞

① 応援の職員を○○名、直ちに派遣することを伝え、現場の職員の動揺を鎮めること。
② １１９番の係官のアドバイスを受け、応急措置をとること。
③ 救急車が到着するまで、安静に保護できる部屋を確保し、応急手当てをすること。
④ 会館内のスピーカーで「お医者さんはいませんか」「看護師さんはいませんか」と放送し、応急手当ての協力を呼びかけること（重要！）。
⑤ ４名以外に、けが人がいないか、ひとりずつ、確認をすること。
⑥ 心肺停止状態の場合、会館職員の指導でＡＥＤ対応の措置をとること。
⑦ 事故に遭った高齢者４名の傍に職員２名が付き添い、救急車が到着するまで大声で〝励まし

続ける〞こと（重要！）。

⑧　4名の身元を至急確認し、報告させること（家族に第一報する上で重要！）。

⑨　イベント中止を告げ、退場者を別の安全なルートで下りるよう誘導すること。

⑩　救急車が来たら、職員がひとりずつ4台に同乗し、搬送先の病院が判明次第、本庁課長に連絡すること（課長から家族に搬送先病院を伝えるために重要！）。

⑪　搬送先の病院で、家族が駆けつけてくるまで〝付き添う〞こと（重要！）。

⑫　医師から4名のけがの状況を聞き出し、本庁課長に連絡すること（重要！）。

⑬　警察に連絡するとともに、現場の保存と警察の事情聴取のために待機すること。

⑭　新しい情報が入り次第、続報を本庁課長に入れるよう指示すること（重要！）。

> ・負傷した住民の立場に視点を置いた対応をすること
> ・マスコミや住民からの批判を避ける上で重要なポイント。

＜役所内でとるべき対応事項＞

①　事故発生の第一報をルールに従って、上司、関連部署に速やかに入れること。

②　現場に応援派遣する職員を決めること。

③　イベントの中止を決め、上司の了解をとること。

④　病院に負傷者のお見舞いに行くことを提言すること（重要！）

⑤　広報課と連携し、緊急記者会見の準備をすること。

課題2　電話取材に対する応答

今、分かっていることを伝え、あとは「本日、16時半から緊急記者会見を記者クラブで実施しますので、それまでお待ちください」と伝えること。

テーマ②　部下の誰かが、仲間の誹謗中傷や職場のマイナス情報をブログに書いていることが判明した

日曜日に職員Aが自宅でインターネットを見ていたところ、偶然、ハンドルネーム「Qちゃん」という名前の、明らかに自分と同じ職場の同僚Bが書いたと思われるブログを見つけた。その内容が、①先週金曜日に職員Aの職場（職員Bと同じ）で実際に起きたことが具体的に書かれていたこと、及び、②日頃からAがBから聞かされている仲間やC係長に対する批判の内容と同じだったからである。

月曜日の朝、Aがひそかに「こんなブログを見つけたのですが、うちの職場のことではないでしょうか……」といって、ブログをプリントアウトしたペーパーを、C係長に届けてきた。C係長から課長補佐に、課長補佐から課長に報告があった。課長はすぐに次長に報告したところ、次長から、すぐに対応策を考え着手するようにという指示があった。

課長は、課長補佐にC係長とともにインターネットで直ちにこのブログを確認してもらったところ、内容は、職員A、Bの職場（つまり、C係長の管理下にある職場）で先週金曜日に実際に起きた出来事や内容を中心にしたもので、業務にかかわる内容や、C係長（匿名になっているが）の管理能力に対する批判めいた記事や、職場仲間D（匿名）に最近、離婚話が起きていて毎日仕事に身が入らず、周りが迷惑を被っているなど、プライバシーにかかわる内容が書かれていた。匿名とはいえ、職場の者が見れば一目瞭然、誰と分かる内容である。

特に気になるのは、外部の人間が見た場合、「これはコンプライアンス違反ではないのか……?」と疑

惑を与えかねない表現で「業務Z」の契約に関する記述があった（すぐに確認したところ、幸い、「Zの契約」に関しての記述内容は、コンプライアンス違反には該当しないことは確認できた）。

まだ、このブログに気づいている職員はいないようだし、万一、外部の人間が見たとしても直ちに当役所の当課だと判断できる状況にはない。しかし、時間の問題で風評が流れ、いずれ当市の当課であることが判明する可能性は十分にある。

課長として、どのような対応策をとったらいいだろうか……。

課題1　目下の「急務の課題」は何でしょうか？　ひとつに絞って考えてください。
課題2　その際に、危機管理上、留意しなければならないことがあります。どんなことでしょうか？
課題3　「**課題1**」の「急務の課題」を解決するための具体的な方策を考えてください。
課題4　事実関係の調査の過程で、職員Bが否定した場合の対応を考えてください。
課題5　事実関係の調査の過程で、職員Bが認めた場合の対応を考えてください。

◇　対応のポイント　◇

課題1　目下の急務の課題は

①「ブログを閉じさせること」（風評や外部からの疑惑を防止するため）。

② ただし、刑事事件がらみの内容でなければ（この程度の内容では）、プロバイダーに依頼してブログを閉じさせることはできない（「表現の自由」などの理由から）。警察に相談できるレベルでもない。そのためにどうするかが問題になる。

課題2　課題解決上、危機管理の点で留意すべきこと

① “犯人捜し”をしないこと。思わぬリスクを招くおそれがある。

② 職員Bの可能性が極めて高くても、職員Bと決めつけた対応を見せないこと（「職員Bが疑われているらしい……」という噂が職場に流れた場合、人間関係が壊れ、最悪の場合、職員Bへの人権侵害という別のリスクを招くおそれがある）。

課題3　課題解決の具体的方法

① A案　次長の了解のもと、直ちに課会を開き、ブログを説明して課員全体に注意を促し、警告する。

全課員にこのブログの内容を口頭で説明し（個人情報は触れない）、この記事には次の3つの点で問題があることを指摘し、注意・勧告する。

第1は、「職員としての職務規律違反のおそれがあること」

第2は、「プライバシー侵害のおそれがあること」

第3は、「外部からコンプライアンス違反の疑惑を持たれるおそれがあること」

そして、さらに次のように付け加える。

「このハンドルネームの職員がいるなら、直ちにブログを閉じるよう要請する」

「もし、今日中にブログが閉じられていない場合は、やむを得ない。上司及び人事課と相談の上、明日以降、課員全員にひとりずつ、聞き取り調査をせざるを得ないと思うので、そのつもりでいるように」と伝える。

⇓上司に、ブログに気づかれたBが、自分が犯人と特定される前に今夜中にひそかにブログを削除することを期待する。

② B案　課長（補佐）が職員Bにひそかに打診してみる。

職員Bにひそかに面談し、詰問調ではなく穏やかに打診する方法も考えられる（この場合、Bを疑っているという姿勢を見せないこと）。

「実はこのようなブログを見つけたのだが、君はこの方面に造詣が深いようなので、何かいい方法はないだろうか」と話を持ちかける。

「実はこのブログの内容は、次の3つの点で問題があると思うので、自分としては明日から上司と人事課に相談の上、課員全員にひとりずつ聞き取り調査をせざるを得ないと思っている。その前に何か方法はないか、君の知恵を借りたいと思ってね」。

自分のブログを課長（補佐）が見つけて読んでいることを知ったBの反応を見る。

その場合のBの反応は、「否定のスタンス」か「認める」かである。

課題4　職員Bが否定（＝いい知恵もないこと、自分ではないこと）した場合

それ以上、深く追及しないこと。

追及が厳しいと、Bから「ここに書かれている内容は、うちの職場では誰もが知っている内容ですよ。知らないのは上司だけではないですか。むしろ、管理職の管理に問題あるからではないですか」など、反問され、解決の糸口が遠くなるおそれがあるので注意。

「分かった。いずれにせよ、明日以降、全課員に対して聞き取り調査をせざるを得ないので、その際は、君も協力してほしい」と伝える。

⇒Bとしては今夜、ブログを削除すると「書き込んだのはやっぱり職員Bだ」と、上司に疑われるおそれがあるため、今夜は削除しにくい心理にある。

⇒しかし、自分のブログがすでに上司に見られていることを知ったBに対して、新しい書き込みを抑止する効果がある。さらに、聞き取り調査が自分に回ってくる前に、Bがブログを自分からひそかに閉じることを期待する。

課題5　職員Bが肯定した場合

＜対応策A＞

Bに反省の色があり、あまり深く考えず、軽率にやってしまったような場合。

「今回のことは、上司、人事課には報告するが、これ以上、問題にしないようにするから、直ちに中止するように」伝え、この件の早期収束を図り、問題を大げさにしないようにする。

〈対応策Ｂ〉

Ｂに反省の気配がなく、「Ｃ係長の管理能力に問題があることにも一因があるのでは……」など、反抗的な場合は、Ｃ係長への指導はきちんと行うことを説明して、規定に従って、しかるべき処分があるかもしれないことを伝える。

〈対応策Ｃ〉

職場のコミュニケーションの改善を図る。

Ｃ係長に対する管理職としての自覚を促す指導をする。

ＳＮＳの使い方に関して、一般的な内容での庁内研修を行う。

テーマ③　国民健康保険課の職員が、ＤＶ被害者の住所を加害者に伝えてしまった

○月×日（月）、終業に近い17時ごろ、国民健康保険課収納管理担当職員Ａ（40歳、女性）が、住民Ｂさん（45歳、女性）と名乗る女性から「納付書の住所の一部が誤っているようなので、確認をしたい」という厳しい口調のクレーム電話を受けた。

Ｂさんは家庭内暴力（ＤＶ）を受けていたため、夫と別居して生活していた。そのため、Ｂさんは住民基本台帳法に基づき市役所に申請し、現住所を加害者には開示しないよう依頼済みであった。このため、住民票の開示や交付制限がかけられており、国民健康保険のシステムでも制限されていることが確認できるようになっていた。

役所のパソコン画面上には、ＤＶの申請があった場合に入力する「個人メモ」を見て、内容を確認するというルールがあったが、電話を受けた職員Ａは「こちら側にミスがあったのでは？」という焦りの気持ちがあったため、その個人メモを見逃し、疑うことなく、Ｂさんの現住所を「～になっています」と電話口で伝えてしまった。

翌日、午前8時15分の業務開始直後、Ｂさん本人から怒りの抗議の電話が入った。担当者Ｃが受けたところ、「昨日の夜、別居している夫が私のアパートにやってきた。役所から住所を教えてもらったといっている。私はきちんと手続きをしたのにどういうことだ」と詰問してきた。

驚いた担当者Ｃから係長Ｄに報告が上がってきた。これを受けた国民健康保険課副課長がすぐ課長に報告、課長が上司に報告したところ、「課長として、すぐに対応するように」という指示が出た。

課長が、担当者Cとともに職員Aに確認したところ、「昨日のクレームの電話がBさんと同年代の40代の女性の声のようだったため、すっかり本人からの電話だと思い込み、さらに向こうが口にした住所も○○町○○三丁目まで合致していたので、話の流れで、ついこちらから登録記載している住所を相手に伝えてしまった」とのことであった。職員Aは今年4月に異動してきたばかりで、このシステム操作や画面に不慣れであった。

今朝のBさんからの電話で、昨日、電話をよこしたのは、Bさんの夫の妹E（44歳）だということが判明した。Bさんは「私が夫に殺されたら役所は責任とってくれるのか。」と強く役所の対応のミスを責めてきた。

課題1　この緊急事態発生に当たり、「リーダー・課長として直ちにしかるべき対応をするように」と上司から指示が出た。対応すべき事項を箇条書きで列挙してください。

◇ 対応のポイント ◇

課題1　リーダー・課長として、直ちにとるべき事項

① 庶務担当課長及び、危機管理課、広報課に連絡を入れる。

② 早急にBさんに連絡をとってお詫びすると同時に、課長補佐と係長で、Bさん方へ訪問することを伝え、身の安全を第一に考えて、ＤＶ被害者を受け入れるシェルターに直ちに一時避

難・保護することをお願いし、了解してもらう（迅速な対応が最優先！）。

③ 同時に管轄の警察に連絡し、シェルター近辺のパトロールの強化を依頼。Bさんの身の安全を最優先した役所側の姿勢を示す。

④ 現住所からの引っ越しは不可避なので、いずれ、Bさんの意向に沿った転居先、時期、方法など、引っ越しの手配、及びその費用を負担することを、Bさんに伝える。

⑤ 役所側のミスから起きた問題なので、Bさんへの「慰謝料」について弁護士と相談する。

⑥ Bさんが引っ越し後も引き続き、加害者からの居場所追及などの被害に遭っていないか、役所としてアフターケアを続けることを伝える。

⑦ 転居先の管轄の警察には、元夫からのストーカー行為が起きないかどうか、万一、あった場合には、警察から警告してもらうことを依頼する。

⑧ 記者会見は不可避なので、広報と相談し記者会見の準備をする（Q&Aの作成）。

⑨ パソコン画面の「個人メモ」の見落としが起きないよう、表示システムや画面表示の改善を図る。

⑩ 全庁的に、このような〝不注意〟や〝誤認〟による事故防止のため、常に「ちょっと変だな」「本当に大丈夫かな？」という危機管理意識の啓発を図る。

テーマ④　「暴力団員に弱みを握られた部下Aが、取引金額を巧妙に詐取している」という内部告発の手紙が届いた

今朝、Q課課長の自分宛てに「親展」の差出人不明の手紙が来た。切手が貼ってなかったこともあり、不審に思って開けてみると、「Q課の職員A（28歳）が支出伝票を実に巧妙に操作して不正行為をしている。実は、Aはかなり前からひそかに地元の風俗店によく出入りしていて、そのうち、そこで知り合った男に誘われて軽い気持ちで賭博行為を始めた。その弱みをマークしていた地元暴力団関係者Xが、巧みにAと親しくなり、やがてAが当役所Q課の職員であることを知った。この弱みを握られたAはXに脅され、Xの知人が経営している会社Y社（当役所と取引がある普通の会社）の売上金を巧妙な手口で毎月、少額水増し請求、その差額をあとでXがY社からプール金の形でキックバックさせている」という内容のものであった。Y社は、Xが暴力団関係者ということは知らず、「商慣習としてよくある預け金としての処理だろう」と考え、疑惑を抱かないまま、Aの要請に応じていたようである。Aは若手の中でも実績を上げていて、庁内でもそれなりに認められており、上司、同僚からも評価が高い。

この手紙が誰からで、その内容が事実かどうか全く不明だが、万一、事実だとしたら、暴力団の〝新たな上納金稼ぎの手口〟として、大きな社会問題になることは間違いない。

問題は、この手紙の内容が本当かどうかの事実確認の方法である。

課題1　事実確認に当たって危機管理上、注意すべきことはどのようなことでしょうか？

課題2　事実確認の方法を考えてください。

課題3　事実と判明した場合、Ａへの対応はどうするか考えてください。

課題4　事実と判明した場合、マスコミ発表をどうするか、考えてください。

課題5　事実ではないことが判明した場合、どう対応したらいいでしょうか?

◇　対応のポイント　◇

課題1　事実確認に当たって、危機管理上、注意すべきこと

①　この手紙が「事実無根」だった場合のリスクが、このケースの悩ましい問題。いずれ、帳簿調査による事実確認は避けられないとはいえ、帳簿チェックやＡの身辺調査などを急ぐと、あらぬ「風評」が役所の内外に流れるおそれがある。確認のための手順は、危機管理上、特に注意しなければならない。

②　「犯人探し」に目を向けないこと。職場に疑心暗鬼を生む原因になるだけでなく、課長としての見識が問われるおそれがある。

③　この告発内容が事実かどうか、まだ、不明である以上、役所内にオープンにすべきではない。最小限の関係者に報告する（「調査委員会の設置」などはまだすべきではない）。

④　同様の理由から、Ｙ社に問い合わせするのも、まだする段階ではない。

もし、噂がY社に入り、結果的に事実無根の場合、Y社に対して多大な迷惑をかけることになり、最悪の場合、名誉毀損問題が発生するおそれがあるからである。

課題2　事実確認の方法は？

以上の理由から、事実確認には慎重を要する。

①　上司、コンプライアンス部（又は人事部）、トップにこの手紙の内容を説明した上で、

・自分宛てに来た「親書」であり、

・自分の部署の部下の問題であるので、

・自分から直接、内密にAに事実関係をただすことが先決、かつ肝要かと思うと伝える。

ただし、まだ事実かどうか不明であるから、一切、他言無用にする旨の同意を取り付ける。

②　Aとひそかに1対1で会い、この内部告発文書を見せながら、事実確認を行う。ただし、決して、疑ってかからないことが重要。

③　Aの示す反応は2つある。「否定」か「肯定」である。

〈否定した場合〉

「君がこんなことをするはずがないと思っているよ。しかし、私宛てに誰かからこの手紙が来た以上、このまま看過できない。君の名誉のためにも事実関係確認の調査をしなければならない。

それがまた、君の潔白を証明する唯一の方法だと思うからね」と説明し、本人に上司としての取り組み意思を伝えた上で、帳簿の調査に踏み切る。

〈否定が疑わしい場合〉

「これは私を陥れるための怪文書です」「まず、自分自身で、身の潔白を証明しますから」など、調査を回避するような「虚偽の疑いが濃厚」な場合もあり得る。

その場合は、Aに次のように説明する。

「コトは暴力団がらみの重大な疑惑がある以上、そうはいかないよ。私にも責任がある以上、きちんと事実関係の確認をしなければいけない」と諭し、帳簿関係の調査は避けられないことを伝える。

この段階で、Aが認めた場合には、後述の「肯定した」場合の手順に入る。

課題3　事実と判明した場合、Aへの対応はどうするか？

① これは刑事事件であり、役所の内規や就業規則で処理すべき事案ではない。

② 顧問弁護士に相談の上、早急にAを告訴する手続きに入り、早急に警察に刑事告訴し、「受理」してもらうことがカギになる。

③ ただし、告訴の相手はAに限定し、暴力団関係者XやY社は警察に任せる。

④ 「告訴」「受理」が行われていない時点で、もし、マスコミが察知し取材が入った場合、「不

祥事」としてスクープ報道されることは避けられない。

⑤ 反対に、「告訴」「受理」されたあとなら、万一、マスコミがこの情報をキャッチして取材に来ても、「すでに警察に告訴した、告訴の手続きをしている」という事実は、組織の透明性を訴求する上で重要な判断基準になる。

課題4　事実と判明した場合、マスコミへの発表方法はどうするか？

① この段階で、マスコミ発表をしてはならない。

このケースは「刑事事件」であるため、警察に真っ先に連絡し、指示を仰ぐ必要がある。警察の了解を得ずにマスコミや議会に情報開示してはならない。

② もし、この情報をマスコミがキャッチして、取材が入ってきた場合には、「すでに警察に○月○日付で告訴済みであります」「事実関係は認めますが、コトが刑事事件でありますので、役所として説明する立場にありませんのでご勘弁ください」と応答し、一切、取材に応じてはならない。

③ まだ告訴していないと、この事案は「隠ぺいしていた大不祥事」としてとらえられ、スクープ報道を招き、役所の信頼感を落とす結果になる（よくあるケース）。

④ 以上の理由から、危機管理上、顧問弁護士に直ちに相談し、迅速にAを「警察に刑事告訴する」手続きをとる。万一、マスコミがこの情報をどこかでキャッチして取材に来た場合に、

「すでに警察に告訴した、告訴の手続きをしている」ことを伝える。

課題5　事実ではないことが判明した場合、どう対応するか？

①　事実無根の〝ガセネタ〟だったとしても、放置しないこと。この内部告発者がまた別の悪意のある行動をとるおそれもあることや、噂が庁内に流れることも想定されるので、一般的内容にして、イントラネットなどで警告する必要がある。

②　「最近、事実無根の個人に対する悪質な誹謗中傷の内部告発が発生した。心当たりのある者がいるとしたら、本人の猛省を促すとともに、厳重注意する。もし、同様のことが再び発生した場合には、徹底的に調査に着手し厳しく処罰する」。

Aに対しては、身の潔白を組織として証明してあげたことになる。

③　ただし、Aには、上司として一言、アドバイスと指導をしておく必要がある。

「このような怪文書が出るということは、君の方にも何らかの原因があるかもしれない。仕事の際は、周りにも配慮することを忘れないように」。

④　事実無根であっても、この手紙を〝情報〟として、管轄の警察に提供する。

テーマ⑤　部下が紛失した重要資料を「拾った」という男から、脅しめいた電話があなたにかかって来た

A職員（28歳、独身、独居者）は、明日までに提出しなければならないある重要資料の作成に迫られていた。そのため、本来禁止されている行為だが、資料を2枚コピーし、自宅に持ち帰って最終仕上げをすることにした。ズボンの右ポケットに入れて、午後7時過ぎ、庁舎を出て帰途についた。

ところが、偶然、街で高校時代の親友Bに出会った。聞けば、たまたまこちらに出張中なのだという。お互い懐かしさのあまり、2人で○○通りの雑居ビルPにある居酒屋「酒酔」で一杯やることになった。2時間ほど飲んだあと、Aはタクシーに乗ってアパートに帰り、仕事の総仕上げに取りかかろうとしたときに、書類がないことに気づいた。驚いて自宅周辺から先ほどの居酒屋「酒酔」まで探しながら戻り、マスターに尋ねたり、タクシー会社に確認したが、拾得物の届けはなかった。このため、警察に紛失届を出したあと、夜10時過ぎ、上司の係長に電話で以上の報告をし、係長からすぐに所属長のあなたに報告が入った。

あなたは「とにかく、明日の朝7時半から対策会議を開く」ことを意思決定し、部長にもこの旨を第一報し、了解をとった（なお、資料を今日中にまとめあげるには支障はない）。

ところが、今朝、9時前、あなたが係長、職員Aの3人で対応策を検討している最中に、九条雄三と名乗る男性から、所属長のあなたを名指しした電話が入ってきた（所属長の名前が書類のどこかにメモで記載されていたためと判明）。

「昨夜10時過ぎ、○○通りの雑居ビルPのトイレの床に落ちている書類を見つけた。読んでみたら、そ

ちらの課の仕事に関する内容と分かったので、あえて警察には届けず、今朝、一番で連絡した次第だ。これは大問題ではないのか。情報管理やコンプライアンス意識が欠落している証拠だ。これから届けに行くが、しかるべき上司にきちんとこの件について問いただすつもりだ。上司にはそのように伝えておくように」という電話で、一方的に電話を切ってしまった。短いやり取りだったが、男性が拾ったという書類は、間違いなくAが探していた書類であることは確認できた。ひとまずホッとしたが、男性の声や口ぶりからみて、必ずしも善意ある市民とは思えない。さりとて、暴力団関係者とも断定できない……。

課題1 この男性には、どんな対応方針で臨むことが大事でしょうか?

課題2 この種の電話に対して、一般的にどのような応答をしたらいいでしょうか?

課題3 電話応答後、あなたが直ちにとるべき行動は?

課題4 いよいよ役所にこの男性が訪ねてきました。どのような点に注意して応答したらいいでしょうか?(暴力団員とは限りませんので、念のため)。

課題5 トラブルなく、この男性から返してもらうための方法を考えてください。

◇ 対応のポイント ◇

課題1 この男性に対する基本対応方針

①　いかなる相手だろうと、拾ったものを連絡してくれたのだから、終始一貫、「お詫び」と「感謝の気持ち」を示し、「誠意ある対応」で臨むこと。

②　決して、相手を疑っている言動を見せないこと（過剰対応をしない）。

課題2　この種の電話に対する応答心得

①　相手の言い分をとにかく聞くこと。決して、状況を問いただしたり、質問攻めをしないこと（疑われているのでは？　という印象を与えるおそれ）。

②　「ご親切にありがとうございました」を繰り返し丁重に述べること。

③　相手の名前、住所、電話を「念のため」聞く（いわなくても追求しないこと）。

課題3　電話応答後、直ちにとるべき行動

①　念のため、弁護士と警察に第一報しておく（ただし、次の点に注意）。

・「事件ではありませんが、少し気になる電話がありましたので、ご連絡しました」。

・「何かアドバイスがございましたら……」と、伝える程度でいい。

②　最悪に備え、規定に則り、危機管理担当部署、そのほかに連絡し、組織的対応をとる（ただし、あらぬ噂が職場に流れないように情報管理を徹底すること）。

③　電話の相手と誰が会うか決める（電話を受けた自分とA本人）。

課題4　この男性と会って応答する際の注意事項

①「ご親切にありがとうございました」。これを繰り返して、お礼を述べる。
②「昨夜、警察に紛失届を出しておりますので、すぐ、取り下げに行かせます」。「おかげさまで、ありがとうございました」と伝え、この問題をオープンにしていることを相手に間接的に分からせる。
③「上の者に会わせろ」という要求には、
・「この問題は私の部下が起こしたのですから、Aの所属長である私が対応させていただきます」。
・「どなたに対しても、このように対応させていただいております」。
・「上司には、私からこの件はきちんと報告いたします」。
・なお無理をいう場合には、「そう、おっしゃられても困ります」と伝える。
・いよいよ最後には「強要されるのでしょうか」とダメ押しをする。

課題5　トラブルなく、書類を返してもらうための応対方法

① 電話の相手の〝大義名分〟は、次の点にあることを承知しておくこと。
役所の書類を不用意に持ち出した上、落とした職員の公務員としての自覚や、危機管理意識とコンプライアンス意識の欠如、それに、上司としての職員教育の不徹底について見解を求めている点にある（本心は、実は何がしかのお礼の可能性大である）。

②　この心理を利用して、終始一貫、〝善意ある忠告者〟として〝男性の大儀〟に答える形で対応すること。指摘を率直に認め、危機管理体制の不備と職員教育の至らなさをお詫びする。今後、再度このようなことの起こらないよう、再発防止策を具体的に説明する。

　この際、Aを同席させ、本人からも謝罪とお礼を伝える（重要）。

③　顧問弁護士や警察にも相談したことを伝え、礼を伝える（透明性を示す）。

「一時はどうなるかと心配しまして、昨夜、すぐ警察と弁護士にも連絡したところでした。今朝、このように早い時間にわざわざご連絡とご足労いただきまして、本当にありがとうございました」。

④　マスコミ発表も予定していることを伝える。

「実は今日、マスコミに公表する予定で、今、その検討をしていたところでした」。

「記者会見では、書類を取得してくれた住民の方がわざわざ今朝、役所に届けてくれたことを説明させていただくつもりです」。

⑤　最後に、再度、お礼を述べたあと、Aに「この方のおかげで書類が無事に届けられたのだから、君からもきちんとお礼をいいなさい」と促す。

　その際、Aから「今夜、ご自宅の方にお伺いしたく思いますので、ご住所か電話番号を教えていただけませんか」と、さりげなく相手に伝える。

(以心伝心で、お礼を持っていくことが間接的に伝わる)。
(謝罪と再発防止は自治体の問題だが、お礼は個人の問題である)。

《著者紹介》

田中　正博（たなか　まさひろ）
株式会社　田中危機管理広報事務所　代表取締役社長

■略歴

1962年、早稲田大学文学部卒、同年、電通ＰＲセンター（現電通パブリック・リレーションズ）に入社。常務取締役、専務取締役を歴任後、2001年、顧問を歴任。2002年、田中危機管理・広報事務所を設立。2010年、同事務所を法人化し、株式会社　田中危機管理広報事務所
代表取締役社長

■専門領域：「組織の危機管理」「危機管理広報」「コミュニケーション」

緊急記者会見、クレーム対応、欠陥商品問題、訴訟問題、企業危機など、2,000件を超える企業・団体・行政の危機管理コンサルティングを担当。自治大学校、警察大学校、航空自衛隊幹部学校、国土交通大学校をはじめ、中央官庁や全国の自治体、企業で「管理職の危機管理の心得」「危機発生時のマスコミ対応」などの講演のほか、「模擬緊急記者会見トレーニング」、「クレーム対応」などのテーマで実践的な研修や危機管理体制作りの研修に携わる。

■主な著書

「改訂新版　実践自治体の危機管理」（時事通信出版局、2009年９月）、「改訂版　実践　危機管理広報」（時事通信出版局、2011年２月）、「会社を守る　クライシス・コミュニケーション」（産業編集センター、2011年３月）、「広報入門―プロが教える基本と実務」（宣伝会議、共著、2012年11月）、「教育のリスクマネジメント―子ども・学校を危機から守るために」（時事通信出版局、共著、2013年10月）

■主な公職

内閣府食品安全委員会・緊急時対応専門委員（2003年９月～2007年９月）、日本医師会　広報戦略会議委員（2004年６月～2006年５月）、（社）建設広報協議会理事（2007年４月～2013年３月）、（社）東京商工会議所　危機管理アドバイザー（2005年４月～2013年３月）、静岡県ジャンル別広報アドバイザー（2007年４月～）、事業構想大学院大学　客員教授（2012年４月～2017年３月）

サービス・インフォメーション

通話無料

①商品に関するご照会・お申込みのご依頼
TEL 0120(203)694／FAX 0120(302)640

②ご住所・ご名義等各種変更のご連絡
TEL 0120(203)696／FAX 0120(202)974

③請求・お支払いに関するご照会・ご要望
TEL 0120(203)695／FAX 0120(202)973

●フリーダイヤル(TEL)の受付時間は、土・日・祝日を除く9:00～17:30です。

●FAXは24時間受け付けておりますので、あわせてご利用ください。

自治体不祥事における危機管理広報
―管理職の心得と記者会見までの対応―

平成30年7月25日　初版発行

著　者　田　中　正　博

発行者　田　中　英　弥

発行所　第一法規株式会社
〒107-8560　東京都港区南青山2-11-17
ホームページ　http://www.daiichihoki.co.jp/

自治体不祥事広報　ISBN 978-4-474-06250-4　C0033 (5)